巴渝故乡情

陈巧蓉 著

成都时代出版社
CHENGDU TIMES PRESS

图书在版编目（CIP）数据

巴渝故乡情 / 陈巧蓉著 . -- 成都 : 成都时代出版
社 , 2025. 6. -- ISBN 978-7-5464-3602-9

Ⅰ . K927.19

中国国家版本馆 CIP 数据核字第 2024X4K292 号

巴渝故乡情
BAYU GUXIANGQING

陈巧蓉　/　著

出 品 人	钟　江
责任编辑	王珍丽
责任校对	周佑谦
责任印制	江　黎　陈淑雨
装帧设计	尚　芳

出版发行	成都时代出版社
电　　话	（028）86785923（编辑部）
	（028）86763285（图书发行）
印　　刷	河北文盛印刷有限公司
规　　格	170mm×240mm
印　　张	8
字　　数	138 千
版　　次	2025 年 6 月第 1 版
印　　次	2025 年 6 月第 1 次印刷
书　　号	ISBN 978-7-5464-3602-9
定　　价	58.00 元

文化自信是一个国家、一个民族发展中最基本、最深沉、最持久的力量。大学生是国家未来发展的主力军，具备深厚的文化自信，可增强国家凝聚力，促进社会稳定与繁荣发展。中国拥有深厚的文化底蕴，文化丰富多彩，对中华优秀传统文化的认识与理解是培育大学生文化自信的重要基础。

高校作为文化育人高地，在培养具有高度文化自信的新时代大学生方面扮演着至关重要的角色。文化育人与文化自信紧密相联，是高校育人的核心内容之一，它贯穿于学生的整个学习过程。文化调查与研究是重要的实践育人途径，大学生通过走进文化场域，深入了解区域传统文化，感受民族文化的独特性和卓越性，从而产生对文化的认同感。在具体文化事项研究阐释中，去理解文化所蕴含的价值观念、道德准则和审美情趣，并通过创新实践，将传统文化与现代科技、现代生活相结合，从而推动区域文化的传承与发展。

本丛书的编撰宗旨在为给读者提供一个全新的视角，以便读者更深入地理解和感受区域文化的魅力。在丛书编撰过程中，大学生通过收集、整理、研究区域文化的资料，并结合实地调查和访谈，展现了区域文化的独特性和发展脉络。同时，面对复杂多变的文化现象和问题，本丛书中每册书的作者均以批判性思维分析文化现象背后的原因，形成自己的独立见解。这也是地方应用型本科院校开展文化育人的一次实践探索。大学生对区域文化的深入挖掘和阐释，以全新的视角审视区域文化，不仅关注文化的发展历史，还关注文化与社会、经济、政治等方面的相互关系。我们希望通过这套丛书的出版，能够推动区域文化研究的深入发展，为地方政府制定文化政策、推动文化产业发展提供决策参考，同时为传承和弘扬中华优秀传统文化贡献一份力量。

彭 伟

2024 年夏于重庆移通学院北山斋

重庆移通学院一直致力于培养学生的专业技能与思维能力，其中思维能力包括批判性思维和创新性思维。同时，学院也注重塑造学生健全的人格和提升其综合素养。重庆移通学院希望学生既能脚踏乡土、心怀世界，又能立足专业、扩展眼界；既能拓宽视野、放眼未来，又能具备安身立命的技能，更有心怀家国的抱负。所以，重庆移通学院独资修建了钓鱼城历史文化博物馆。

钓鱼城历史文化博物馆自开放以来，秉持立足合川、贡献地方的理念，以研究钓鱼城及巴渝地域历史文化为宗旨，对合川数量繁多的文物古迹的研究、保护、宣传成为重要工作。在重庆移通学院领导的重视和关怀下，以学生组织——钓鱼城研究会为载体，通过校内选拔，使得十多位来自五湖四海、专业各异的青年学生共聚一堂，在他们的积极参与下，本书的写作得以开展。

在一年时间里，项目团队先后进行各类讨论会议十余次，从选题、资料搜集到整理资料，整个团队付出了很大的努力，最后，笔者根据这些资料以第一人称视角写出23篇文章组成本书。

本书由四部分构成：

第一，历史文化篇。本篇共6篇文章，根据地理位置，以重庆主城为中心按照由近及远的顺序收录。

第二，风云人物篇。本篇共7篇文章，按照文章主体人物出生年代的顺序收录。

第三，佳肴美食篇。本篇共5篇文章，根据地理位置，以重庆主城为中心按照由近及远的顺序收录。

第四，山水风光篇。本篇共5篇文章，根据地理位置，以重庆主城为中心按照由近及远的顺序收录。

在本书的撰写过程中，学生们克服重重困难，挤出时间在历史遗迹中寻找往事，在浩瀚资料中梳理线索，实在难能可贵。书中难免会出现疏漏或不足之处，还望各位读者批评指正。

是为序。

陈巧蓉

2024 年 4 月 7 日于北山斋

目 录 >>>>>

历史文化篇

　　中华民族在几千年历史长河中创造了辉煌灿烂的文明，其文化博大精深、源远流长，它是我们生生不息的血脉之根和民族之魂。山歌、习俗等作为中国传统历史文化的重要载体，不仅蕴含着历史文化，也成为民族历史不可替代的见证与象征。习近平指出，历史文化是城市的灵魂，要像爱惜自己的生命一样保护好城市历史文化遗产。

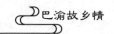

木洞山歌

　　故乡，一个平淡却又庄重的名称，看似简简单单的两个字饱含了多少人对家乡的怀念。人们常说："家里有妈妈的味道。"同样，故乡也有家的味道。古诗中，有多少诗人远去他乡，每当自己失意时、壮志难酬时、看到别人团圆时，总会想起自己的故乡。李白的"举头望明月，低头思故乡"，引起了多少游子的共鸣。"旅次经寒食，思乡泪湿巾。"每当听到李白的《客中寒食》，那些远走他乡打拼的人是否也如他一样泪湿巾呢?

　　从小，我一直生活在故乡重庆市巴南区木洞镇，在这里上小学、初中、高中，而且学校离家还特别近，所以上大学之前我基本没有离开过木洞镇。从母亲嘴里知道，在我三岁时家里发生了一些意外，由于没人照顾我，母亲就把我送到了外婆家——江津区。但是当时我还小，对故乡木洞并没有太多的思念，顶多只会哭着喊着要妈妈。后来，随着年龄的增长，我发现我不想离开木洞了，这里不仅有我的妈妈，还有很多我难以割舍的人和事。因此我在高考后填报大学志愿时，选择了离家只有两个小时车程的合川的一所大学。

　　还记得刚来合川的第一个晚上，我独自吃完晚饭，一个人提着新添置的生活用品走在陌生的街道上，看着街边灯火辉煌，望着周围陌生的人，周边同学三三两两地聚在一起嬉戏打闹，喜笑颜开地从我身边经过时，我却异常想念我的故乡木洞了。想念那里的人和事，想念那里嬉戏玩耍的地方。

　　木洞镇东邻双河镇、丰盛镇，南接东温泉镇，西毗南岸区，北靠长江，这里山河美丽，人民勤劳，民风淳朴。关于木洞镇的名字，有很多种说法。一种说法是：相传，明代时在木洞镇一带建有禹王庙，所需木材都从镇西面约500米的石洞中取出，木洞镇由此得名。也有一种说法是：相传，旧时鲁班在木洞的一处山洞内藏了许多优质的木材，结果被人们发现之后，人们将木材誉为神木。乡人们焚香礼拜后将神木取出，用作修建寺庙的栋梁之材，所以"木洞"也因此得名。明代诗人王延相就将这个美丽的传说写入古诗《木洞驿》中："蹙浪喷江门，幽洞冒琼树。"

儿时的记忆里，木洞镇的美食特别多，有蜜枣，还有至今已有七十年历史的油酥鸭，它表皮酥脆，肉质鲜嫩，老少皆宜，这是我常吃的一道菜。还有木洞的河水豆花，它和一般的豆花不同，它是用无污染的河水推制而成的，用的蘸料也极为讲究，还加入了卤料。关于木洞豆花还有一个小故事。据传，康熙皇帝微服私访和随从人员来到木洞，走进一家豆花馆，看见锅里一半是豆浆，一半是豆花，感觉很惊奇，于是叫店主端来一碗豆花，康熙看见豆花色泽白嫩而绵密，尝后更觉味香而麻辣，不禁拍案叫绝，立即起身题词"天下豆花独一家"。

在木洞，非去不可的地方之一就是木洞古镇。漫步于木洞古镇的街头是想不起戴望舒的诗的，想起了也只是觉得格格不入。木洞古镇的街巷是安静的，轻轻地踏上青石板，街巷两旁的商铺会带你追寻不属于话本里描述的静谧与安逸，经受了风吹雨淋的帆布招牌记录着时间的痕迹，让人不经意间陷入这似画的美景中，能让你从这片刻安静中惊醒的，只有街头角落的那一束阳光。

木洞镇的历史上出了两位名人，他们是中国民主革命家杨沧白和新中国第一位驻外女大使丁雪松，他们都在自己的领域取得了非凡的成绩。我最佩服的就是那位驻外女大使丁雪松了，她是一位非常了不起的女性。在那个时期，一位女性能有如此大作为，可以想象她付出了多大的努力。她在读书期间常常担任班干部，参加了许多活动，她先后出使了荷兰和丹麦，曾长期从事民间外交，接待过许多重要的外国友人。对于自己的未来，她有一个坚定的目标，并不断为之努力。事实证明，她成功了，这对于一位女性来说是多么大的殊荣，这样的精神值得我们每一个人学习。

每个地方都有自己的特色，比如花溪的歌舞、接龙的傩戏、鱼洞的乱针绣等，而木洞不仅有美食豆花、美景古镇、大使丁雪松、木洞龙舟，还有木洞山歌，其中木洞山歌被列入国家级非物质文化遗产名录。山歌文化节时，每家每户都会一起唱山歌、一起跳舞，大家脸上都洋溢着真诚开心的笑容，乡民们热情地邀请游客一起跳舞唱歌。耳濡目染中我爱上了这种风格清新、感情真挚、带有民族特色的木洞山歌，也在与老人们的交流中，了解到了木洞山歌的历史。

木洞山歌是民众传唱的一种传统山歌歌种，历史久远，可以追溯到上古时代的"巴渝歌舞"，后来经过了战国时代的"下里巴人"，汉代的"巴子讴歌"，以及唐代的"竹枝"，到明清时期基本演化成了现在的木洞山歌。

木洞山歌起源于木洞人民的生活。最初，只是木洞农民在收割粮食时看见今年收成特别好，家里生活可以富足一点，所以就借唱歌来表达内心的喜悦和激动之情，以及对未来生活的憧憬，或者闲暇时为了消除劳动疲劳、振奋精神、提高劳动效率、打发时间而哼着曲子自娱自乐，慢慢地演变成了现在广为人知的木洞山歌。所以，人们总会在春天播种时和秋天收获时，一边忙着手上的农活，一边唱着山歌，脸上同时洋溢着幸福的微笑。常常是一部分人唱出上段，就有人自然而然地接唱出下一段。他们的歌声时而悠扬婉转，时而高亢激扬，时而如轻风细雨，时而又惊天动地，好不热闹。美妙的歌声在山谷间回荡，惊动了树上栖息的鸟儿。在阳光的照耀下，人们忙着播种，忙着收获，好一幅安宁和谐的画面，让人不忍心去打扰。

木洞山歌是用重庆方言进行演唱的，具有浓郁的地方特色，是我们民族民间音乐文化的组成部分，也是先辈留下的瑰宝。它不同于现在的流行音乐或者民谣，它在形式上更为简短，曲调上更加高亢激昂、爽朗质朴，节奏上更加自由，因此唱起来朗朗上口。它的内容简单自然，常常带有当地的方言，会让人觉得特别新奇，比如"哟喂""咿吔"等让人听过一次后就会不自觉地跟着一起唱。

木洞山歌的品种繁多，有被称为庄稼歌或庄稼人的歌的禾籁；有把生活中的正常现象颠倒过来演唱成逗乐取笑的神歌；有用对歌形式演唱的盘歌；有在劳动过程中统一节奏、协调动作、鼓舞情绪的劳动号子；有在民间礼俗和祀典仪式中演唱的民俗歌；还有各种小调以及伴随着玩龙灯、舞狮子、打莲箫等边舞边唱的歌舞，这些歌种各有各的特点，但无论哪一种都会带给人们不一样的感受，它为人们提供一场听觉盛宴。正是这些优秀而独特的歌种汇聚成了内容丰富、语调轻快的木洞山歌。

我最喜欢的一个歌种是薅秧劳动歌，也是最广为流传的一种歌种——禾籁。这个歌种很神奇，它只流传于木洞地区，是木洞特有的歌种，它还与人们的生活息息相关。以前，人们总在田间插秧时听到禾籁，它会真实反映当时人们内心的感受，而大家一起唱歌，可以让人忽略天气的炎热、农活的枯燥与劳累，一群人一边干农活一边唱，仿佛一切都变成了乐事。但是现在的田地几乎是具体分配到了每家每户，不会再出现集体劳作的现象了，也就慢慢少了那种乐趣。禾籁的曲调丰富品种繁多，有曲调高亢嘹亮、拖腔优美悠长、节奏随意的高腔禾籁，有单人演唱的当地又称为"干山歌"的平腔禾籁，有劳动人民劳动时必唱的并且传唱率最高的、旋律风格多样的短腔禾籁，有人们劳动时赛歌唱的、也是最能展示歌手应变能力的花禾籁。每一种禾籁都有各自的特点，它们共同组成了木洞山歌。有一首著名的木洞山歌叫《禾籁之声》，写的就是插秧时的情景。这是一首男女对唱的山歌，它属于女生问，男生答，中间还穿插了许多方言，听起来特别有趣，节奏很欢乐，也很有地方特色，仿佛让人们看到庄稼收成好，大家一片安宁祥和的场景。我最感兴趣的是它的节奏，一句话中可能每个字的调都不一样，但组合在一起就让听者忍不住跟着哼唱，可以在一字一句间体会到生活的安逸与闲适。

木洞山歌不仅种类繁多，而且演唱形式也多种多样，可以独自引吭高歌，可以多人合唱，还可以齐唱。不同于一般的民歌，木洞山歌更加自由，它会在其中用到许多拟声词。它的歌词大多是即兴创作的，脑海中想到什么就唱什么，虽没有伴奏，却更能直接表达出人们内心的情感。它可以随时唱起来，有时还会有人接出下一句，大家在工作完后用唱歌来抒发劳动者内心的感情，消除身体的疲劳，这使得木洞山歌更加贴近生活。最重要的是，木洞山歌可以带给人们正能量，让人们在一字一句中体会到劳动人民在粮食丰收时内心的喜悦与激动，带给人们身临其境之感，让人们仿佛身处在一个收获的季节，与劳动人民一起体验收获的快乐，这就是木洞山歌所能带给我们的。我为木洞有木洞山歌而骄傲。

木洞山歌寄托了人们对生活的美好向往与歌颂，它代表的是这一代代人的情感的寄托，它带给人们的是一种精神上的传承，它还丰富了人们的业余生活，让生活变得更加有趣，人们在一起唱歌也增加了团队的凝聚力和团结力。它通过各种各样的演唱形式，还能调动人们的积极性和热情。在这个物质丰富的社会，一些人变得世俗浮躁，需要传统文化使人们回归于现实，回归于当下。最重要的是，这是先人们传承下来的一种音乐形式，它既然能在不断更替的文化

中保留下来，必然有它的独特之处。它的曲调、歌词等对探究巴渝文化有着重要的意义。

但是随着现代社会在不断进步，经济在逐渐发达，新兴事物在不断兴起，人们生活压力增大、生活节奏加快，使得木洞山歌的传承也受到了很大的影响，特别是互联网时代的到来给木洞山歌带来的冲击是不容忽视的。

首先是周围环境发生了巨大变化，改革开放以后，乡民们基本上都外出务工了，种地的人也越来越少，随之也就少了日落而息、日出而作的欢乐了，唱山歌的习惯也慢慢没有了，传承山歌的人也少了。其次，随着会唱山歌的老一辈人的逐渐减少，山歌的演唱与传播越发稀少。

2006年5月20日，木洞山歌经国务院批准列入了第一批国家级非物质文化遗产名录，这不也说明了木洞山歌的独特性和传统文化的重要性吗？美好的事物需要共享，让大家都能看到其价值，这才是它的意义所在。而如何传下去，如何让它发扬光大呢？那就需要我们共同努力了。

我曾经看到过一个故事：秦萩玥，现今木洞山歌年龄最小的传承人，她九岁时，在一次唱歌比赛中，一首《木洞榨菜》让她喜欢上了木洞山歌，十三岁正式拜师学习山歌。2004年，她考入四川音乐学院歌剧表演专业，学习美声唱法。2009年她回到木洞开办了一家山歌少儿艺术团，经常有学校请她当老师，还有演艺公司请她去演出。她凭着对木洞山歌的一腔热爱，放弃了大学学习的美声唱法，她所做的一切只因喜欢。木洞山歌的传承就需要这样纯粹热爱山歌的人，但是这样的一个人还远远不够，因为想要将一项先辈留下的非物质文化遗产传承下去，光靠几个人是不行的，要想世世代代传承下去，就需要大家的共同努力。

因此，为了木洞山歌能继续传承，为了不让先辈传下来的优秀文化断送在我们这一辈的手中，我们应该团结起来，不断寻求新的方式方法将木洞山歌这一项非物质文化遗产传承下去，让我们的下一辈，甚至下下辈都能感受到先辈留下来的优秀文化。

俗话说："教育，要从娃娃抓起。"当然，学习了解木洞山歌也应该从娃娃抓起。身为木洞人，应该为木洞山歌作为自己家乡的特色而自豪。木洞人都应该会唱木洞山歌，所以我们应该注重培养孩子们对木洞山歌的喜爱，将木洞山歌编写进课本，丰富教材内容。在课本中做相应的注解，并邀请木洞山歌的传承人、音乐理论教育专家等给孩子们讲授音乐理论知识，为木洞山歌的传承打下基础。可以拍摄有关木洞山歌的宣传片，在各个地方循环播放，让更多的人注意到这种特殊的、代表了先人情感的歌种。也可以与流行音乐相结合，让山歌的内容和形式更加多姿多彩，符合更多人的审美情趣。还可以多开展有关山歌的文化节，加大宣传力度，吸引游客们到木洞游玩，让更多的人了解木洞山歌、喜欢上木洞山歌。最终将我国这一特别的歌种传唱到世界的每一个角落，以获得更多人的关注和认可，掀起一股山歌潮流。

木洞山歌表现了人们劳作时的积极喜悦之感，体现出巴渝儿女面对生活乐观向上的精神面貌，这是我们的一份无价之宝。尽管时代在变化，生活在改变，可先人一代代传下来的东西，我们木洞人不能忘记。当然无论什么样的东西在传承时总会遭遇到许多困难，比如先辈留下来的字、画、物，在经过一代代变迁后可能会消失不见，更何况是口口相传的山歌呢？木洞山歌能传承至今，就说明了它本身具有的非凡意义。既然木洞山歌已经传承到了我们手中，我们就应当肩负起传承它的责任，把木洞山歌传给每一个人。

那一曲曲代表广大劳动者内心真实情感的木洞山歌，恰如一根红丝带将人们的心连在一起，让人真切地感受到内心的喜悦，仿佛身临其境。那一首首高亢激昂、悠扬婉转的木洞山歌，好似一泓清而纯的泉水，浸润人们的心田，令人心旷神怡，流连忘返。木洞山歌是我们的骄傲，传承它是我们共同的责任，相信我们有能力将它发扬光大。

参考文献

[1]中华人民共和国民政部.中华人民共和国政区大典·重庆市卷：全2册[M].李立国，刘涛.北京：中国社会出版社，2015：526-528.

青烟缭绕老君洞

　　记得余秋雨先生曾在《乡关何处》中写道："思乡，往往可以具体到一条河湾，几棵小树，半壁苍苔……"我当时太小，对这段话并没有太深的体会，只是未承想到一个人思乡竟然会如此的真切具体，如今当我准备提笔写这道观时，才发现自己的思绪竟不自觉地绕到了那个曾经熟悉的地方……随之故乡的模样也从这半山腰飘出的缕缕香烟中渐渐清楚了起来。重庆又称作雾都，也被称作山城，我觉得这是对它山多雾缭的尊重和赞赏。我的故乡正是重庆市主城九区之一的南岸区。

　　当人们谈论起一座城市的时候总是会说到一些人，说起南岸，那就要提到一位十分有性格的知名女作家了——三毛。三毛，我最喜欢的女作家之一，喜欢她的《撒哈拉的故事》。她 1943 年出生于重庆南岸黄桷垭，原名陈懋平，后来改为陈平。1948年随父母迁往台湾，1967年赴西班牙留学，后来又去了美国、德国，最后在 1973 年定居撒哈拉沙漠与荷西结婚。很多人看完她的故事都觉得她的人生经历非常传奇，羡慕她那踏遍千山万水的丰富阅历。我觉得这与她的经历、与她的性格是有很大关系的，《三毛传》的作者崔建飞曾说："热情、直爽、重情、敢做敢闯是大家公认的三毛性。"或许三毛的性格有一部分就是重庆这座城市赋予的。

　　重庆人耿直仗义、性格热情，这点似乎与这里的饮食脱不了关系。重庆人的一天大多是从一碗麻辣小面开始，又是在一顿热辣滚烫的火锅中结束。南岸也不例外。辣椒是重庆人每天必不可少的食物，"一天不吃辣浑身难受"这句话对重庆人来说就是真实写照。然而这样一群躁动热情、整天谈天说地的重庆人也有另外的一面，大老爷们有事没事就像温水里的茶叶独自在茶馆里慢悠悠地泡上一天，一些妇女更是悠闲，杵在街道小巷里拉上几个街坊邻居就能聊一整天，小孩们放了学高兴地拿着糖葫芦、溜溜球，一颠一晃地往家里赶，年轻人忙碌一天回到家催促孩子吃饭，督促孩子写作业……这里的人们把生活过得悠闲自在，对生活的热情和向往与日俱增。

于我而言，印象最深刻的就是那坐落在市内南岸区黄桷垭附近老君山上的老君洞了。老君洞一说始建于汉晋时期，至今已有1800余年历史；又有说法称其始建于唐代，原名"广化寺"，为佛教寺庙，同时记载它为夏禹之妻涂山氏神庙，在明代重修扩建后改称"太极宫"，后又名"老君洞"。这里不仅历史厚重，也是看风景的绝佳位置。

每逢初一、十五、清明、中元等节日，老老少少都会拿着香烛前去祈福。大人带着小孩从"上清仙界"太极宫正山门一路而上直达最高点玉皇楼，这里荫翳蔽日、清幽寂静、古树参天，举目远眺整个山城尽在眼中，从飞檐翘角中可以看见三清殿安然矗立在袅袅香烟中恰似仙境，对前来的人们来说在这里修道、念经、避暑都是非常不错的选择。

说起老君洞，它最原始的名字叫作涂洞，老君洞脚下的老君山原名涂山。晋代常璩的《华阳国志·巴志》载："禹娶于涂山，辛壬癸甲而去，生子启呱呱啼不及视，三过其门而不入室，务在救时，今江州涂山是也，帝禹之庙铭存焉。"民国的《巴县志》称："老君山在县东南七里，有石洞，即《华阳国志》所谓涂洞是也。""涂洞"俗称老君洞。广化寺在明代改名字为太极宫，而洞中供奉太上老君，所以后来被人们一直称作老君洞，而原先的"太极宫"就渐渐没人提起了。

风水隐于山，文风藏于观。老君洞依山造殿，凿壁成像，道观占地200余亩，造像30余尊。迎山门为灵官殿，沿石阶盘旋而上，依次坐落着明代石刻殿、五路财神殿、西王母殿、真武殿……

因为修建的年代不一样，这些建筑群也呈现出丰富的宗教地域文化特征。就拿老君洞入口之一的西山门来说，西山门修建于明代，牌楼门整体造型非常精致，且靠崖而建，门前的石阶是一大亮点，呈扇形分布，别具一格。因为这里的人们大多在一些节日里拉着全家齐聚上香，而附近的小商贩们更是清晨五六点就背着大包小包蹲于石阶一旁了。到了上午八点左右，游客们陆陆续续到了。这个时候人们有的排队进入山门，有的蹲在扇形石阶一旁休息，还有的小孩子手里舞弄着糖人儿跟在大人身后高兴地入观，这种热闹的场景，我倒觉得与其说是进去上香，不如说更像是在逛庙会。

由西山门而入，首先映入眼帘的是正殿——三清殿。它距今有五百多年的历史，殿内供奉着三清天尊，前排正中的就是太上老君了，左右分别为南极仙翁与北极紫微大帝。殿内后排为大罗三清三境三宝天尊，中间是玉清元始天尊，元始天尊的左侧是上清灵宝天尊，右侧是太清道德天尊。众多神像齐聚一堂，来来往往的游客都要拜上一拜。有时殿内人太多了，香客们买好香纸便在殿外拜了起来，在那一刻，不管是当地的香客还是外地慕名而来的香客，他们都有同一个愿望，那就是为家人祈求一份平安，期望能顺顺利利地度过每一年。再从正殿依东而上，便是明代石刻殿、上清宫、慈航殿、南天门了，老君洞呈"玄"字形格局，山上最高的老君顶，顶上的八角亭，便是这"玄"字上端的一点了。这些供奉神像的大殿小殿不规则地安置于山中，云雾迷蒙，不禁让我想起刘禹锡的《陋室铭》中写道："山不在高，有仙则名。"我想老君洞之所以能吸引大量的游客前来祭拜，香火绵延不断的原因正是因为山上的这些神殿吧。

除了上香拜神的传统路线，在每个殿与殿之间更是推出了很多精彩丰富的民间活动，不过这些民俗游戏大多是围绕求财开展的。从三清殿一路向上便可看见一棵参天的大树，那也是观内唯一一棵"摇钱树"，树干笔直粗大，人们常踮起脚向树干坑洼的地方塞一元、五角不等的零钱以求来年财源广进，生意兴隆。在祖师殿和七真殿之间更有往池子里抛硬币的玩法，要是硬币抛进水中安置好的玻璃容器，那就寓意着抛硬币的人来年一定会财源滚滚。虽然只是普通的游戏，可是在香客们看来，抛出去的不仅是一枚五角的硬币，抛出的更是一份带着全家人身体健康、生意顺畅、儿女多福的一种美好心愿的寄托。

人们一大早进观、排队、上香、烧纸、拜神、祭奠、投钱……不知不觉间，这小半座山就游览完了，这个时候也正是三清殿一旁斋饭卖得正热闹的时候。依山而下，香客们早已手持饭票排起了长长的队伍，大家都是为了品尝斋饭的味道。菜单上的"回锅肉"一菜在这斋饭食堂里最为畅销，为什么这样说呢？这道菜闻起来香气扑鼻，红黄绿的颜色搭配得非常融洽，素食更是成功地代替了肉制品，让饿着肚子的香客们一看到便垂涎三尺了。斋饭其实就是素食做的饭，原本是道教和佛教等饿祭祷仪式之一，是道士们进行敬神忏谢活动前为了使自己精神更加专注，言行更加规整而吃的，所以斋饭又代表着规整和纯净之意。

老君洞承载着道家千年来的文化，道家文化是中国土生土长的传统文化，老君洞更体现了巴渝百姓在长期奋斗中开展的活动、创造的文化成果。如今老君洞对我而言已不再是一座简单的道观，它更像是家乡人民远在异乡时的一种精神寄托，承载着一批又一批人的童年回忆。

小时候的老君洞是西山门石阶下老人熟练绘制的糖人儿；再长大些老君洞便是香炉旁的缕缕烟火；后来老君洞时不时出现在回忆里，它成了我思念故乡的一种精神寄托；到现在我才发现它就是一位隐士，偏居于南山一隅，默默守护着山城。

丰都鬼城

"足蹑平都古洞天，此身不觉到云间。抬眸四顾乾坤阔，日月星辰任我攀。"这是苏东坡笔下的丰都。

丰都是一座小县城，也是我土生土长的地方，这里的一草一木，一山一水我都再熟悉不过了。我上大学之前一直生活在这里，或许是因为太熟悉，也没觉得有什么特别。然而离开故乡后，我慢慢感受到了对故乡以及对亲人那缕缕的思念，体会到了那浓浓的乡愁。突然发现，对这座我从小长到大的小县城，我有说不完的话语和讲不完的传奇故事。

丰都县城的背面是双桂、平都两山，其中的平都山又称为名山，得名于苏东坡诗中的"平都天下古名山"。名山海拔约287米，面积仅有0.45平方公里。跟那些崇山峻岭相比，名山根本不算什么大山。但名扬世界的"鬼城"偏偏坐落在这座山上。按照中国古代传说的说法，人死之后其灵魂都要归于此处，在这里接受阴司的审判，然后根据其生前的善恶决定其轮回。

相传，汉代王远、阴长生两人在平都山上潜心修炼，最终得道成仙。据刘向所著的《列仙传》记载，王远是西汉人，曾经清廉孝顺，又通晓天文地理，就连汉宣帝都询问他祥瑞灾异的事情，后来他厌倦官场，弃官归隐，在平都山飞天成仙。据《神仙传》记载，阴长生是东汉光武帝皇后阴丽华的族人，生于富贵之家，但是不好荣华，喜欢研究道法，曾在马鸣生门下学习，后来马鸣生被他的勤奋打动了，传授他法术，最终在平都山飞天成仙。此王、阴二仙经常被读作"王阴"或者倒着读为"阴王"，并在民间以讹传讹，称之为"阴间之王"。后来，阴间之王便被奉为阴间灵魂鬼怪的主宰。此王既然在丰都，那阴宫和地府也就在此诞生。按照中国人的传统观念，人活着的时候是皇帝的臣民，那死后自然就要去找阴王了。这样一来，亡魂就纷纷奔向丰都了，尤其是在明清时期对丰都地狱的信仰更是盛行一时。就这样"丰都名山，世界鬼城"的名声也就在民间传开。

从那以后山上的寺庙道观的数量急剧增加，规模也越来越大，山上庙宇多达四十几座。登上丰都名山，你会发现这里集建筑、雕塑、绘画、石刻为一体，随处可见错落有致的亭台楼榭，令人惊奇的神王鬼卒。这里有天子殿、玉皇殿、王母殿、黄泉路、奈何桥、鬼门关、望乡台、二仙楼、苏公祠、鹿鸣寺、财神庙、王爷庙、药王庙、武侯庙等。相传天子殿为丰都鬼城之源，殿前有联云："须知六道轮回今生作者来生受，请看三途转动善者喜欢恶者愁。"殿内主神塑有北阴大帝、天子娘娘。这里还建立了一套完整的地狱司法体系，有阎罗王、四大判官、六曹文武、十大阴帅、东西地狱，等级森严；东西地狱设有上刀山、下火海、锯解、磨推、五马分尸等各种酷刑，用于惩罚罪恶者。这里还有游客体验区，可以体验走过"黄泉路"、迈过"奈何桥"、闯过"鬼门关"，体验惊心动魄的感觉，感受"鬼城走一走，活过九十九"的民俗氛围。以惩恶扬善、唯善呈和、感召天下为主旨，营造出了集司法和教化功能于一体的鬼蜮民俗文化体系。

在丰都民间至今仍流传着许多传说和故事，其中有一些内容虽荒诞无稽，但寓意非常深刻，时常警示世人，弃恶扬善。如"阴天子怀春"这则故事，故事中的"阴天子"并不是一个不食人间烟火，让人望而生畏的阴间主宰，而是一个有着七情六欲，如同凡间俗人一样的常人。他也希望像人间皇帝那样拥有三宫六院，但又不好意思开口，久而久之被折磨得面容憔悴，六神无主。他身边的崔判官善于察言观色，揣摩到了他的心思，为其制造出"天下万物，阴阳之道"的理论依据，并帮"阴天子"找到了大竹县一个名唤卢秀兰的女子，但卢秀兰还有五十的阳寿，不该来到阴间。崔判官为了讨好"阴天子"，徇私舞弊，判笔一挥，便把卢秀兰的阳寿改小了。因此卢秀兰魂入丰都，做了"阴天子"的娘娘。阴天子娘娘的塑像至今仍供奉在丰都名山的阴天子殿中。

再如故事"崔判官离婚"，崔判官手握判笔，在阴曹地府无疑是个重要的角色。据说他在阳间是李世民的大臣，名为崔珏，死后在阴司做了掌管生死文簿的地狱判官。丰都民间传说崔判官看上了女鬼王桂花，便与其成婚。后来一男鬼找上门来，说王桂花是他的女人。而且两人阳寿未尽，男鬼大闹地府，惊

动了"阴天子","阴天子"要崔判官归还人妻，崔判官只好放两人回阳间。

从这两则故事就可以看出，丰都民间流传的神鬼故事大都是以现实生活为原型创造的。表面上谈鬼说怪，实际上是对世俗时弊的无情讥讽，像这样的故事在丰都民间还有很多，如"汪知县贪酒丧命"，说丰都有个姓汪的县令，嗜酒如命，很多人想找他办事，就送酒给他。但是喝多了酒的他往往记不住别人托他办的事，结果后来有叫伊二的人送酒后没达到目的，就在酒中下毒，汪县令中毒身亡。其家人不便张扬，只好谎称他患病突亡。但崔判官明察秋毫，判他"贪赃枉法，死有应得"。

在传说"洋烟鬼下地狱"中，说中国本无鸦片，自洋鬼子将鸦片输入中国后，中国的"烟鬼"就多了起来。这东西能使好人变坏，使上瘾的人倾家荡产，妻离子散，甚至引发犯罪，造成社会动荡不安。有一个洋鬼子来到丰都贩卖鸦片，碰见一个富家子弟，见他愁眉苦脸，便主动拿出鸦片向他推销，谎称此药可治心情不好等各种烦愁，起初无偿供烟，待其上瘾之后，价格便越来越高。最后富家子弟不仅自己倾家荡产，还把很多人一起拉下水。此人死后魂入地狱，崔判官知悉洋鬼子贩卖鸦片，派无常把洋鬼子抓入地狱。洋鬼子却称洋人不入中国地狱，判官怒道："你虽是洋人，却在中国作恶贩卖鸦片，就要入中国地狱。"在十八层地狱中，那富家弟子则奉命一直用鞭子抽打他。

又如"黑无常改恶习从善"，说是黑无常小时候好逸恶劳，被生气的父亲失手打死，死后阴魂不散继续作恶，入地狱后经教育洗心革面，后司职捉拿恶习鬼。"白无常抓替死鬼"，说是白无常奉判官之命去抓死鬼，抓了一个四十多岁名叫冯大理的人，冯大理不服，说白无常抓错了人，白无常闻言便放了他，又误将七十多岁名字也叫冯大理的人抓了起来。冯老头到地狱喊冤，崔判官打开生死簿一看，果然抓错了，真正要抓的正是四十多岁的冯大理，于是再次把四十多岁的冯大理抓了回来狠狠处罚。

这几则短短的小故事并不足以表现出丰都民间鬼神传说内容的丰富，但这几则故事所表达的寓意非常深刻。字里行间反映了人间的社会百态，或美好、或善良、或丑陋、或邪恶，通过这些口口相传的故事把人间的社会百态生动地展现在我们眼前。

这些生动形象的鬼神传说不仅流传在丰都民间，而且通过丰都独特的交通要道使这些故事流传四方。说了几则民间故事，那么就不得不提一提丰都优秀灿烂的历史文化。丰都历史悠远，在东汉和帝永元二年（90年）单独建县，距今已有1900多年的历史。丰都地处重庆中部，西接涪陵，北临忠县、垫江，长江从中部川流而过，龙河在县城的东南处注入长江。《四川通志》中曾说道，"壮涪阆之左卫，控临江之上游，扼石柱之咽喉，亘垫江之屏障"。在古代陆路交通不是很便利的时候，水陆交通就显得格外重要。自古出入四川盆地有两条重要通道，一条是从成都向北，经广元出川翻越大巴山的金牛道；另一条是沿长江而下，穿三峡向东的水路。与李白感叹的"蜀道难"的陆路相比，长江水路就显得格外高效便捷，当时的长江便如同一条水上"高速公路"，李白的"朝辞白帝彩云间，千里江陵一日还"描写出了它的"高速"。

所以，唐宋直至明清时才会有许多的商人游客路经此地游览观光，许多文人墨客在此反复吟诵。据史料记载最早描写丰都的古诗是唐代青城道士的《平都山》，诗中写道："万仞峰峦插太清，麻姑曾此会方平。一从宴罢乘云去，玉殿珠楼空月明。"诗中的方平便是王远，王方平。除了苏东坡的《题平都山》之外，还有唐代的李吉甫、段文昌、段成式，五代的杜光庭，宋代的苏辙、陆游、范成大等诗人有关于丰都的诗作。这些人都接踵来过丰都，留下名篇，如李吉甫的《阴真人影堂记碑》和《二真君碑》，段文昌的《修仙都观记》，李商隐的《送丰都李尉》中有"万古商於地，凭君泣路岐"，陆游的《平都山》中有"名山近江步，蜡屐得闲行"，以及范成大的《丰都观》中有"峡山逼仄岷江萦，洞宫福地古所铭"等。

"平都天下古名山，自信山中岁月闲。午梦任随鸠唤觉，早朝又听鹿催班。"相传，宋朝名宦李长官在丰都做县令期间，一天夜里，他听见县城背后有山鹿嘶鸣，便派家丁去寻找，不久家丁发现白鹿一只，一会儿，白鹿隐去身形变幻成一位白发老人立于山野之中。老人告诉家丁："明天有一位贤人要到这儿。"说完老人就消失了。县令听说此事，第二天一早便在门前急切等候。果然，太阳刚升起来，苏轼一行人便来到此地。苏轼因上京赶考，路经丰都，被平都山的古老神秘所感染，所以就有了《题平都山》这首诗。

这些名人佳作随滚滚长江而扩散四方，丰都的神秘与传奇也就随之扩散开来。

　　每年的阴历三月初三是丰都最热闹的时候，因为丰都鬼城一年一度的庙会就是在这个时候举办。传说这一天是阴天子和他妻子的结婚纪念日，每到这个时候，各地游人、香客便蜂拥而至，热闹非凡。庙会的主要项目是上山进香以及城内巡游。许多人上山进香，大多是为求得神灵保佑，祭奠先祖。庙会有丰富多彩的民俗文化活动、民间技艺展示和身着奇装异服、手拿传统道具的表演者共同组成城内巡游的队伍。巡游节目以民间传说、鬼神故事为主，伴有民间吹打的街头游乐、戏曲短剧等节目，如有名的"阴天子娶亲""活捉秦桧""城隍出巡""钟馗嫁妹"等。庙会还有各式各样的原生态舞蹈表演，如驱邪祈福的神鼓舞、鬼面舞、竹鼓舞，祈求风调雨顺的水龙舞、戏牛舞，还有各具特色的民间技艺展示，如包鸾竹席编织、叶脉画制作、鬼面脸谱绘画，以及民间杂耍等节目，为丰都庙会注入了浓浓的民间文化气息。庙会期间，各种商品交易频繁，品种繁多，包括旅游工艺品、特色饮食品、土特产、手工制品、文化产品等，有效地促进了丰都经济的发展。另外，各庙宇、道观、祠堂都要举行朝山敬香活动。丰都庙会是鬼城文化最集中、最直接的展现，它继承了惩恶扬善、唯善呈和的传统理念，有着丰富的历史文化和教育意义。

　　现如今丰都的交通超越了以前，早就四通八达了。丰都港是重庆游轮港的辅港，传承着丰都千年港城的历史，无论是对外来游客的接待与观光，还是对商品货物的贸易与运输，丰都港都起着巨大的作用。坐着游轮沿江而下，观赏丰都一江两岸的美景，水雾腾江，环绕山城，宛若仙境，还有高速发展的动车、高铁以及沿江高速公路等。如今的丰都早已是交通便捷、商业发达、经济繁荣、绿化优美的现代化城市。

　　在便捷交通的作用下，前来丰都游玩的旅客也越来越多，探索神秘鬼城，观赏一江两岸美景。丰都是全国优秀旅游城区，也是全国十佳生态旅游城市、重庆十佳避暑休闲目的地，拥有"世界鬼城 三峡港城 生态名城"的美誉。它坐落于长江之滨，吸引着成千上万的海内外游客到此观奇览胜，潮落时，漫游在长江水道上，找寻千年古城遗迹，潮涨时，登鬼城名山，看一江两岸阔的平湖景观，享受丰都这座一江两城、三峡港城的浪漫情怀。沿着龙河峡谷而上，这里有丰都著名的"地宫"——雪玉洞，它是国家AAAA级景区，也是中国六大最美洞穴之一。洞内有塔珊瑚群、石旗王、地盾、鹅管王四大景观，走进雪玉洞，仿佛走进了"白玉宫殿"。在游览中，洞内时而洁白如雪，时而色彩斑斓，让人无不惊叹大自然的神奇与美丽，这里是观光游览、旅游度假的绝佳胜地。除了"地宫"之外还有"天宫"——九重天，游客登上九重天景区，走那空中廊桥，体验悬崖绝壁的险峻，观青山绿水。站上观景台，远近美景尽收眼底，纵观风起云涌，让人直呼"我已腾云驾雾，直上九天揽月"。

我的家就在丰都境内龙河的岸边上。小时候，我经常光着脚丫坐在河边，听奶奶一遍又一遍地讲那些老掉牙的鬼故事。现在，奶奶也魂归大地了，我也离开了家乡到外地求学，但是家乡始终是我魂牵梦绕的地方。

史诗中的白帝城

　　每个人心中都住着一人，一山，一城。前不久我参加了一场主题为故乡情的讲解大赛，第一次作为一个讲解者站在舞台上介绍自己的家乡——奉节。我突然有种莫名的自豪感，发现原来住在我心里的那一城就是奉节的白帝城，那山就是奉节的白帝山。

　　"史诗中的白帝城"中的"史"是指贯穿白帝城的历史，"诗"是指诗人们为白帝城写下的诗词歌赋。

　　小时候，爷爷常常牵着我的手说："春燕呀，长大后一定要去城的那边看一看。"而城的那边即为白帝城，直到步入初中后，我一直记得爷爷跟我讲过的公孙称帝、白帝托孤等史事。语文老师朗诵的诗歌《早发白帝城》，一字一句更是在我心中烙下无数个印记。

　　上小学时，我放学后第一件事就是跑到村里大院坝的桂花树下，听老爷爷们谈天说地，从奉节的起源讲到中华人民共和国成立，有的讲离奇事件，有的讲幸福生活，有的讲名山大川，有的讲天降异象，其中还有谈到白帝城的一些传说。

　　王莽篡汉时，他手下大将公孙述割据了四川，自立为蜀王，修筑了"紫阳城"。城内有一口井，一到冬天，早晨井中就会有白色的烟雾升起，活脱脱像一条白龙。于是，公孙述在公元 25 年正式称帝的时候，自号"白帝"。

　　东汉建武十二年（公元 36 年），刘秀入川，公孙述战死。蜀人为感谢他在白帝城时尽心尽力地守护这片疆土，设置防线抵御外敌，保护了城内百姓的安全，特地在白帝山上修建了一座庙宇，并供奉"白帝像"。

　　时光如白驹过隙，往事如过眼云烟，我那一抹最为宝贵的回忆，便是初中时终于游了一次白帝城。我记得 2010 年时白帝城的门票价格是 40 元，相当于当时我两周的生活费，为了去白帝城旅游一趟，我足足省吃俭用了一个月。

常言道，听别人讲得再多，也没有自己亲身感受一次来得重要。乘着去白帝城方向的早班车，我们一行人来到白帝城售票厅，在付钱的一刹那，我和工作人员的手在钱上停留了几秒。那短短的几秒仿佛特别得长，其实对于作为初中生的我来说，这一笔钱确实不是一笔小数目，所以在他接过钱的一刹那，我的手迟疑了两秒，但是因迫切想游览白帝城，我马上又松开了手。

直到游完了白帝城，才发现什么叫物有所值，我坚信这一趟没有白来。白帝城位于重庆奉节县瞿塘峡口的长江北岸，一面靠山，三面环水，背倚高峡，前临长江，气势十分雄伟壮观，是三峡旅游线上久享盛名的景点。

初入白帝城，我们一行人沿着一条小道攀上了白帝山。爬到山顶时，映入眼帘的是"白帝庙"三个大字，一个醒目的大门门匾。通常来到这里的中外旅游团都会不忘在这里拍一张照片，以示留念。

进入白帝庙的大门，我们看到的是托孤堂。它主要缘起于夷陵之战。据史书记载，公元221年7月，刘备拒绝东吴的求和，兴兵伐吴。孙权以陆逊为大都督率军相拒。蜀军攻破孙吴的巫山，进驻秭归。第二年2月，刘备率主力进至夷道猇亭，与吴军相持于夷陵。刘备以冯习为大督，张南为前部，并联络武陵少数民族首领沙摩柯，列营与吴军对阵，又命黄权驻军长江北岸，以防魏军。陆逊实施战略退却，集中兵力，坚壁不战。公元222年6月，等到蜀军疲惫不堪时，陆逊乘盛夏之时用火攻，大破蜀军前锋，斩冯习、张南。刘备退保马鞍山，陆逊督军围攻，蜀军又损失近万人。刘备乘夜突围，退到秭归。陆逊纵兵追击，连破蜀军四十余营，挺进至巫县。刘备狼狈逃回白帝城，忧愤成疾，日日捶胸自叹，自知不起，念将诸葛亮从成都急召回永安宫。诸葛亮留太子刘禅镇守成都，随带二子刘永、三子刘理赶赴白帝城。次年，刘备在病重将死之时，进行了举世闻名的"刘备托孤"。

《三国志·蜀书五·诸葛亮传》载："先主病笃，托孤于丞相亮，尚书令李严为副。"他向诸葛亮交代后事时强调说："君才十倍曹丕，必能安国，终定大事。若嗣子可辅，辅之；如其不才，君可自取。"诸葛亮涕泣回答："臣敢竭股肱之力，效忠贞之节，继之以死！"刘备言讫而逝，卒年63岁。

现如今在托孤堂内有21尊2米多高的蜀国君臣彩塑，造型生动，形态各异，

个性鲜明。其中最让人难以忘怀的，是跪在地上的刘二子刘永和刘三子刘理。刘永跪趴在地上，而刘理仿佛多了一份沉着冷静，面若有所思，酷似能洞察一切，惟妙惟肖。

观其表情，我不由得联想到刘备将安邦定国、辅佐太子等国家大事托付给诸葛亮，以及那一句"君可自取"给他带来的压力。如此"沉甸甸"的担子，于当时来说，诸葛先生当时的心境和处境是旁人无法理解的。正如诸葛亮的《出师表》所言，"先帝创业未半而中道崩殂，今天下三分，益州疲弊，此诚危急存亡之秋也"与"先帝知臣谨慎，故临崩寄臣以大事也。受命以来，夙夜忧叹，恐托付不效，以伤先帝之明"。这一字一句向我们诠释了他难以言表的苦与忧，"欲望君好，果与之反"的结局岂是他能够接受的，故"五月渡泸，深入不毛"以报刘备的知遇之恩。直至今日，来自世界各地的朋友们，纷纷来到白帝城为的就是一观三国时期刘备托孤的壮景。我记得第一次参观白帝城的时候，看见托孤堂外人山人海，摩肩接踵，堪比前年我去故宫博物院一游时——游客观看皇帝龙椅的热闹场景。

顺着道路前行，我们会看到明良殿、武侯祠、观星亭等古建筑群，它们屹立于白帝山。明良殿建于明嘉靖十一年（公元1532年），最初供奉的是公孙述的塑像，至明朝，公孙述的塑像被搬开，被刘备像所代替，殿内还有关羽、张飞、诸葛亮的塑像。

武侯祠在明良殿西侧，内供诸葛亮祖孙三代像。据史书记载，诸葛亮的子孙也是贤臣，为蜀国百姓做了不少的好事。

传说，诸葛亮率军入川时，曾在此夜观星象，思考用兵战略，观星亭由此得名，观星亭共有6角12柱，翘角飞檐，气度不凡。底层由12根木柱，上层由6根木柱支撑着。观星亭飞檐翘角，雕梁画栋，造型别致，设计十分考究。亭上有一古钟高悬，亭中石桌、石墩上镌刻着杜甫在夔州时写的著名诗篇《秋兴八首》，雕刻精细，独具特色。

武侯祠里荟萃了从隋代至清代的70多块碑刻，那篆、隶、楷、行、草各种字体的碑文，是中国书法艺术的精品。其中最著名的是两块隋碑，距今已有1300多年，一是《龙公山墓志》，一是金轮寺舍利塔碑。前者的碑石上被清代人刻上了"同治九年六月十九日，大水为灾，高于城五丈"的字样，成为观星亭珍贵的水文资料。碑林中还有一块刻着清康熙帝御笔的诗碑，这是康熙书写的一首唐诗，是赐给一位告老还乡的清官——监察御史傅作楫的。诗文是：

> 危石才通鸟道，空山更有人家。
>
> 桃源定在深处，涧水浮来落花。

这些古建筑和文物珍品，让白帝城更为增色。托孤堂在这些明清古建筑群中犹如众星捧月。

昔忆白帝，今话白帝。因为我的家乡奉节不仅是集历史于一身，还有着千千万万首著名的诗歌萦绕耳畔，所以谈起家乡，自然多了几分热爱之情和自豪之感。说起白帝，怎能少了美诗作乐。《早发白帝城》作于唐肃宗乾元二年（公元 759 年）。当年春天，李白被流放夜郎，经过四川去被贬谪的地方。到了白帝城的时候，他忽然收到了赦免的消息，惊喜交加，随即乘舟东下江陵。此诗即乘舟抵江陵时所作。其诗意为早晨告别依山傍水的白帝城，一日的时间就乘船行千里回到江陵，耳边仍然回荡着沿岸的猿叫声，轻轻的船儿早已越过千山万岭。

曾几何时，李白、白居易、范仲淹、刘禹锡等著名诗人都曾在此地游白帝、赏夔门，都留下了不朽诗篇，今日我也想作一首打油诗为我的家乡白帝城加油：

> 思白帝
>
> 千古一叹白帝城，世人皆叹托孤堂。
>
> 诗中白帝见霓虹，纸上夔门抱脐橙。

夔州古城记忆

可能提起奉节，最容易想到的就是历史古城白帝城和天下闻名的奉节脐橙。白帝城历史悠远，声誉远播，但一代代的奉节人对于曾经的夔州古城的印象与感叹并不会因为白帝城的存在而逊色。

2002年对于奉节是不平静的一年，为什么呢？这一切源于三峡大坝的修建，它堪称中国水利智慧。三峡水电站是迄今为止世界上最大的水力发电工程，三峡工程是迄今世界上综合规模最大的水利枢纽，发挥着巨大的防洪效益和航运效益。三峡大坝建成后，形成长达600公里的水库，采取分期蓄水，成为世界罕见的新景观。三峡工程的修建使得三峡大坝以上的长江河段水位上涨是必然的，也改变了沿线人们的生活。奉节就是其中之一，夔州古城投入长江的怀抱也成为必然。2002年11月，夔州古城成功爆破，曾经的夔州古城记忆也封存江底。

夔州古城也叫奉节古城，现在的奉节人大多称为奉节老城，奉节新县城修建以前，一代又一代的人民在这里过着日出而作、日落而息的生活。奉节老城年代古老、底蕴深厚、散发着浓郁的文化氛围与历史芬芳。

俯瞰长江，遥想夔门，云海波涌，子规啼泣。夔州古城位于长江三峡瞿塘峡的西首龙头位置，夔门雄峙长江咽喉，百千年来，屹立不动。江有多长，城就有多古老，瞿塘有多险，夔门就有多雄奇。奉节曾有多个名字：夔子国、鱼复、永安、阳口等，在一代代的历史演变中，形成了现在的奉节。

在我很小的时候，从奶奶那里听到了"奉节"名字的由来。传说那刘备托孤之后魂出七窍升了天，葬在了奉节城永安宫的地下。唐代，有一个叫许由的县官，生性贪婪，一天夜里他独自提着一盏灯笼下了地道去刘备墓寻宝。只见这地道很深很长，七弯八拐，走了好一阵还没走到尽头。突然一股阴风冷飕飕地扑面而来，把他手里的灯笼吹灭了。他怕得手脚发软，打了几个寒战。他是个爱财如命的家伙，仍然壮着胆子向地道深处走去。走了很久很久，他看到前面突然出现了一点灯光，忽明忽暗的。许由走近一看，是间空旷的地下室，靠墙有个神龛，神龛下面点着一盏万年灯，一口大缸盛着灯油，油快用完了。没见到财宝，许由心中凉了半截。再细看那灯台，原来是黄金铸的，心想总算没白跑一趟，伸手去取灯时，只见灯上放着一张纸条，上面写道："许由许由，无冤无仇，打开此墓，罚你上油。诸葛亮留。"许由看完，吓得瘫倒在地，连忙磕头求饶："请丞相饶恕，请丞相饶恕！"然后连滚带爬地慌忙逃出了地道。

原来诸葛亮在五百年前就算到许由会来盗墓，于是写好了这张纸条等着他。那许由吓得魂不附体，回家就一病不起，请了好些名医也无可奈何。他便去寻签问卦，神签上竟写了一个"油"字，这时他才恍然大悟，自己吓糊涂了，没有照丞相之言给灯上油。他便准备给灯上油。这油缸很大，他卖了自己的家产和老婆的首饰，买回全城的油，才把那缸盛满了。不久，许由病愈。这件事被许由的老婆无意中泄露出去，传得家喻户晓，人们为提醒县官奉公廉洁，就把这城名改成了奉节。

奉节的名字美，山河也壮丽秀美，引来了无数迁客骚人提笔留诗。他们在这里低吟浅唱、意气风发，留下了不朽的诗篇。

李白一生到过奉节不止一次，第一次在20多岁时，他意气风发，仗剑去国，辞亲远游，游历巴蜀到了如今的瞿塘峡，写下了《自巴东舟行经瞿唐峡登巫山最高峰晚还题壁》。李白第二次到瞿塘峡时却多了一份悲苦，唐肃宗乾元二年，李白被流放到夜郎，在前往夜郎的路上穿过瞿塘峡，也留下了脍炙人口的诗篇。

"山重水复疑无路，柳暗花明又一村。"世界就是这样，在绝境下常常能发现新生的希望，李白在过往的船只中听到消息——自己被赦免了。李白怀着忐忑的心情匆忙赶到夔州。现在的我们也能想象到，李白在夔州迫不及待听完使者宣读赦书，欣喜不已，即刻就买下一艘船东还。在一个晴朗的清晨，李白告别白帝城，登舟下江陵。他在途中发出了"朝辞白帝彩云间，千里江陵一日还"的千古绝叹。

陆游到奉节为官，留下了"君不见陆子岁暮来夔州，瞿唐峡水平如油"的遗憾。

有"诗豪"之称的刘禹锡也来过奉节，时正值三月，山寒水冽，乘船穿三峡而过，仿佛置身天外。白帝城雄踞长江之畔，奔腾的激流咆哮着直冲向两岸的险峰。刘禹锡被磅礴大气的险峰激流所感染，发出了"天地英雄气，千秋尚凛然"的赞叹。

而说到与奉节命运相连的诗人就不得不提到杜甫了，他把这里当成生命之所，仰视三峡，居高一吟，留下了荡气回肠的"无边落木萧萧下，不尽长江滚滚来"。这里的人们对杜甫也是情有独钟的，而且这种感情并非如对一般人那样，也不是对古人那样的泛泛敬仰之情。杜甫曾经把奉节作为他生命的一部分。作为一个孤独的诗人，杜甫的命运和奉节曾息息相关。似乎唯有这种沉重孤独的地方，才能唤起他对垂败人生的零星希望和生命深处诗情的涌动。杜甫的诗和夔州古城著名的古城门——依斗门、开济门，更是渊源颇深。杜甫曾作诗《秋兴八首·其二》："夔府孤城落日斜，每依北斗望京华。"后来夔州古城的大南门就更名为"依斗门"了。而开济门则来自杜甫的名篇《蜀相》："三顾频烦天下计，两朝开济老臣心。"杜甫在夔州留下了很深的足迹，晚年更是在奉节留下400余首诗，奉节也因此无愧于诗城之名。

夔州古城依山沿河而建，所以拥有着数不清的巷子，不知是否有人统计其巷子数量。我细数起来有：三道拐、五道拐、九道拐、窝坑子巷、罗家沟巷、金家巷、三皇庙巷、玉皇阁巷、马家巷、老宫店巷等，年少时的记忆大多都模糊不清了，或许我的父母叔叔他们能如数家珍地道出所有的巷子名吧。

因为夔州古城的巷子多、一个巷子连着一个巷子，而且夔州又紧邻长江，航运便利，所以经常有货物需要装卸，还有众多来奉节游玩的旅客，但重物搬运十分麻烦与辛苦，因此促进了当时一个非常重要的职业的繁荣——棒棒儿！他们穿梭在长江沿岸与奉节老城之间，将货船上的货物搬运到船老板指定的地方，或者帮旅客拿一些行李。街道与巷子里也有他们的身影，他们的标志就是手里一定会拿一根用竹子做的竹棒，用来挑重的货物。等这些棒棒儿都没有生意的时候，他们又经常聚在一起摆龙门阵，所以要说夔州城里的消息谁最灵通，肯定是棒棒儿喽。他们在帮顾客拿重物的同时，还不忘和顾客聊聊最近发生的事情，大家也乐意听。

夔州古城虽面积不大，但也有人们的活动场所——人民广场，这块地是民国以前夔州政府练兵习武的校场，后来成了忙碌了一天的居民的休息之地。由于夔州武官居协台衙门，由武官管理的练武坝子就一直叫作协台坝。后来，协台坝改名为人民广场。奉节县的大型社会活动、运动会、群众娱乐活动都在此进行。当时的农业局、人大、教育局、体委、林业局、民政局等都在这里，还有篮球场、游泳池、旱冰场等娱乐设施，所以这里是"西装革履"和"裤衩拖鞋"共同出没的地点。而现在新县城的人民广场远不及当初的人民广场大、有趣。现在的人民广场主要是一些网吧、玩具摊和各种餐饮店。虽然也是人们常去消遣的地方，但因为商业化的气息愈来愈重，所以总是少了一份曾经的亲切感。

现在夔州古城沉寂在滚滚的江水之中，诗名远播的依斗门几经变迁，整体搬迁到白帝镇的耀奎塔右侧，虽然离开了原来的地方，但它仍屹立在长江河畔。从江边到内城门共建有二百九十三步石梯，外城门长 25.28 米，宽 15.14 米，高 14 米，由条石砌成，高大壮观、朴实刚毅。从正面观看依斗门，除了雄奇与壮观没有其他的感受。走进城门里面，历史的厚重感从四面扑来，厚重的门顶压在头上，让人感受到依斗门的命运和责任，也让人有种说不出的沉重。好像历史之事就如昨日才发生一样，那些本是久远的事情，却似还冒着零星的余烟。从城门里遥望长江三峡，仿佛城门的开合之间千军万马奔涌而出，金戈铁马，长矛如林，旌旗招展，时时散发着铁血与沧桑。

夔州古城给人的回忆当然不只有这些浓厚的沧桑历史，还有一个时代消失了的独特人文习俗。

在我牙牙学语的时候，最喜欢跟着母亲到江边来洗衣服。那时城里还不是所有的地方都通了自来水，所以来到长江边和梅溪河边洗衣服就成了当时许多奉节人的习惯。洗衣服的人主要是大嫂与一些大姐姐们，偶尔也有一些男子参加。洗衣的位置从夔州古城南门外开始，一直排到梅溪河边。夏季的时候，长江水位上涨，河水浑浊，洗衣的人也就少了很多，更多的是到梅溪河边洗衣。冬季的时候，江水清澈却冰寒刺骨，但是到江边洗衣服的人络绎不绝。

洗衣人往往带着水盆或者桶，盛着脏衣服、床单、脏鞋，带着皂粉和捶打衣服的棒槌下河，洗衣时用江水打湿衣服，加一点皂粉用手搓，还会用棒槌捶打衣服。洗净了的衣服就均匀晾晒在河边的大型鹅卵石上面，四角还要压上小石子。她们弯腰揉洗，使劲搓衣，只要有一个妇女引起了话题就能让周围一起

洗衣的女子叽叽喳喳地大声说一下午。如果轮船经过，河水拍岸，常常会引起一阵惊慌失措的呼喊声，继而是嘻嘻哈哈的笑骂。城里妇女来江边洗衣都成了当时的一道独特风景。

自从城里的自来水慢慢普及，江边的这道风景逐渐减少。多少年过去了，只是偶尔来江边的时候，我还能看到一两个人带着点衣服来清洗，还会听到他们经常怀念当时洗衣的麻烦却也充满别样风趣的洗衣经历。

棒棒儿也经常出没在江边，所以他们和江边洗衣的妇女经常唠家常、聊八卦。以前，外地来的游客还未踏上奉节的土地就能望见江边洗衣的妇女和摆龙门阵等客的棒棒儿。一走上奉节码头，迎面而来就是依斗门前的石阶。沿石阶而上，街上有小餐馆、茶馆、小摊贩，有售卖各种零食、饮料、纪念品，还有热气腾腾的川味火锅，夏天的时候吃上一口这样的火锅，让汗水沿着背往下流，别提有多享受了。所以许多曾来过奉节的人都这样描述：奉节的沧桑历史需要挖掘才能感受，而奉节人的热情一踏上奉节的土地就感受到了。

夔州古城的人很喜欢喝茶，这个应该和炎热潮湿的气候有着很大的关系，而且很奇怪，家里有茶不喝，非要到茶馆里喝茶。可能是在家喝茶太孤独了，到茶馆喝茶才热闹，还可以在此间了解到很多天南海北的各种信息。

在依斗门原址的左侧，有一个很大的露天茶馆，茶馆里摆着一百多把躺椅，生意十分火爆，总是宾客盈门。即使是夏天，茶馆内的人也是很多的，大家挤得汗流浃背，也不愿挪一挪自己的屁股，依然七拉八扯地摆龙门阵。不知道曾经有多少夔州人有过去这家茶馆喝茶听曲的经历呢，在我还懵懂的时候，工作了一天的父亲总是会带我去这个茶馆坐一会儿，但我从来不喝茶，嫌弃茶的味道太过苦涩。现在，我再也去不了这个地方品味曾经认为苦涩的茶了。

岁月苍苍，有人扬帆远去，也有人归帆飘过，形形色色的人来到这里，有官军、富贾、巴女、绿林大盗，也有文人雅客。于是也就有了奔波劳碌，有了人间烟火，有了苦乐人生，有了"江畔谁人唱竹枝？前声断咽后声迟"的余韵。

长江和奉节，一条江、一座城，彼此依偎，相互守望。像一对情侣，相互陪伴共生。历史不能重演，转瞬湮没的古城也不能重建，那些往昔所谓的辉煌也只剩下记忆。岁月将复归沉寂，江水在千年的夔州古城上奔腾，那旧的依斗门前的台阶如今还有谁能迈上呢？

幼年时家住奉节老城区上方，看着老城区被一点点地拆毁，人们陆陆续续地搬迁到新的县城。夔州古城的独特热情，还有棒棒儿文化，伴随着古城的失落，也慢慢消失了。现在在街上，很难看见沿街叫卖的小贩，也更难看见一群拿着棒棒儿摆龙门阵的人了。

夔州古城，已经无法回望，一代代奉节人记忆中的古城已经远去。因为壮阔的风景，因为经典的风景，因为深邃的风景，已经如烟如水，如风如土，只存在记忆之中了。旧的奉节随着夔州古城的失落远去，现在的奉节在如今的新城中迎来了新生。

红色通江

　　我的家乡通江县，位于巴中市东北部、米仓山东段南麓大巴山缺口处，历史悠久，商周时属巴国地。

　　通江是中华苏维埃共和国第二大苏区——川陕革命根据地首府所在地，孕育了"智勇坚定、排难创新、团结奋斗、不胜不休"的红军精神。通汇县有"露天革命博物馆"之称，它的革命历史光辉灿烂，革命文物丰富珍贵，有红四方面军总指挥部旧址纪念馆、川陕革命根据地红军烈士陵园和被列为全国重点文物保护单位的红云崖红军石刻标语"赤化全川"，还有保存完好的徐向前、陈昌浩等人居住和办公的"五一村"旧址和"空山坝大捷"战场遗址。全国最大的红军烈士陵园——川陕革命根据地红军烈士陵园，这里安葬着 25000 余名红军烈士，成为全国爱国主义教育示范基地和全国 100 个红色旅游经典景区之一。

精神标语

　　行进在风景优美的通江山水中，听着一首首红色歌谣、欣赏着一句句红色诗词、感动于一个个动人的故事。

　　在巍巍的秦巴山脉之中、川陕苏区的群山之巅，在那山体石壁上醒目的红色标语，数以千计地分布着。石刻标语是红军在川陕苏区这一历史时期运用的一种特殊宣传形式，它兴起于开创川陕革命根据地的斗争中。为了将革命精神传递下去，石刻标语发展于苏区恶劣的战争环境中，根植于苏区人民心中。它为宣传党的主张，传播革命真理，唤醒民众，瓦解震慑敌人，并为军事斗争、土地革命、政权建设、经济发展提供了巨大的精神动力和强大的思想武器，被称为"刻在石头上的革命"和"刻在大山上的丰碑"。在通江红军广场的对面，刻着川陕苏区第一幅红军石刻标语——"争取苏维埃中国"。佛尔岩刻着一幅堪称全国之最的红军石刻标语——"平分土地",它展现了那场轰轰烈烈的"打土豪分田地"的革命战争。2006年中华人民共和国国务院将通江红军石刻标语群列为第六批全国重点文物保护单位。

今天,当人们踏访通江这块红色的土地,赫然映入眼帘的是一幅幅壮观醒目的红军石刻标语,它们与一座座保存完整的革命旧址遥相呼应。通江是川陕革命根据地首府,是毛主席所称赞的全国第二大苏区。当年红军及川陕苏区人民以这里为依托,谱写了英雄的史诗,留下了"数量之多、规模之大、内容之丰富、保存之完整"的革命史迹。这些革命的史迹不光是被刻在通江山水中,更是深深地刻进世世代代通江人的骨血中。

英灵之地

生长在通江的人都知道,如今的安稳且逐渐发展的通江,曾经有无数英灵在这里长眠。红军在川陕革命根据地经历了长达3年之久的战斗,红色的革命历史如今已成为通江宝贵的精神食粮和文化财富。

在通江县的国家AAAA级景区川陕革命根据地红军烈士陵园,它始建于1934年。2011年,中共四川省委提出按照"庄严、肃穆、安静"的要求,对红军烈士陵园进行修缮和扩建。为确保尽快给红军烈士们安置"新家",当时每天有60余支施工队伍、600余台机械、2000余名工人不分昼夜地忙碌在工地上。扩建后的陵园不仅完好地保存着埋葬有7800余名烈士的全国最大红军集墓,还将全县50处、11428座、17000余名烈士散葬墓迁移至陵园,整个陵园埋葬着25000余名烈士。修建后的整座牌坊有6柱5门,高12米,宽25米,现为中华人民共和国最大、最早的大型红军烈士陵园。

在烈士陵园中,红军烈士在此长眠。每一个英灵背后都有让人唏嘘的故事。其中一块叫"吴展烈士之墓"的墓碑,就有着催人泪下的故事。那是2011年清明节,距吴展离世已经快80个年头了,吴展的长孙,已过耳顺之年的吴为牛第一次来到川陕革命根据地红军烈士陵园祭扫坟茔。1901年出生的吴展为黄埔军校一期学员,入炮兵科。1931年他来到鄂豫皖苏区任红军第十师参谋长。1933年春天,在四川通江牺牲。一个年仅32岁的青年在这个生机勃发的季节

永远失去了生命。在安徽老家，家人看着他在黄埔军校学习时的照片怀念他，吴为牛对爷爷的全部印象也只有这张照片。随着年龄的增长，吴为牛越来越希望能够找到并拜祭爷爷的坟茔，但这个愿望一直未能实现。就在 2010 年底，吴为牛突然接到安徽老家的电话，说爷爷吴展的坟茔找到了，就在爷爷逝世的地方——四川通江的川陕革命根据地红军烈士陵园。于是 2011 年的清明节，吴展的三支后人分别从北京、济南和合肥到川陕革命根据地红军烈士陵园会合。那一天，吴为牛捧起从安徽舒城老家带来的泥土撒在了吴展墓上，寄托落叶归根之情。当时已 83 岁高龄的吴展次子吴方宜面对墓碑，对在自己两岁之时就远离家乡的父亲说："爸爸，这是我第一次在您面前叫您爸爸。"吴方宜的泪水夺眶而出，年迈的他曾有无数的话想对父亲说，却没有机会述说。陵园中的每一块墓碑都代表着一个不同的故事，但相同的是，他们都为了国家大义远离家乡，为党和人民牺牲了一切。

红军城

"红色"是通江人谈资论道的"本钱"。通江县城是座英雄的城市，曾经的枪林弹雨，大小战场，都在这座"红军城"里留下深刻的印记。

1932 年冬，徐向前率中国工农红军第四方面军以摧枯拉朽之势，经陕南、翻巴山，抵达通江两河口，在此创建了入川后的第一个工农政权——两河口乡苏维埃政府。红色的历史印记从此便在通江这片土地上留下深深的痕迹，而那些红军故事也在通江人的口中代代传颂着，在诺水河的流水中一浪接着一浪翻滚着。直到今日，那些红军故事仍是人们口中谈论的家常，也是对外地人侃侃而谈的谈资。

在诺江中路的红军广场旁，一边是璧山"争取苏维埃中国"的石刻标语，一边是红四方面军总指挥部旧址纪念馆，诺水河在一旁川流而过。红军广场是很多人茶余饭后散步休闲的地方，滨河路在夜晚的灯光中显得格外地幽静迷人。红军广场上到处都是卖玩具的商人、跳舞的大妈，以及游乐的人们，他们挤满这个只有半个足球场大小的坝子。他们的生活与各个城市的人们一样，悠闲、怡然自得。除了河畔的茶馆、以前县医院的建筑外，裸露的山体都透露出历史痕迹。透过古朴的纪念馆依稀可以看得见当年作战的情景。红四方面军总指挥部旧址纪念馆曾得到江泽民总书记题写的馆名。当推开厚重的历史大门，踩着古老的青石板，徐向前同志的雕像映入眼帘，让人仿佛走进了那段战火纷飞的年代。

在这里，安静陈列的文物随你瞻仰，看看那些曾经的杀敌大刀和机枪，有些武器已经开始生锈，但依稀能够看清它们曾经保家卫国的模样。踏进陈列馆内，无形之间可以感受到历史的熏陶，在这里能感受到更多真实的历史。因为在这里你可以近距离地看见红军曾经读过的书本，用过的书袋、地图以及照亮道路的马灯，让人无不真实地感受到革命的艰苦。

通江是青山绿水环绕着的红色之城，而"红军精神"就是红城文化的核心。1934年11月1日至9日，红四方面军在赤江县委驻地（今通江毛浴）召开了一次规模空前的党政工作会。在这次会议上，将全军各部队军训时的训词进行了规范，统一为"智勇坚定、排难创新、团结奋斗、不胜不休"，并庄严地举行了以"训词"为基本内容的军事宣誓。那气势如虹的宣誓将"红军精神"埋入了一代代通江人的内心。

在通江县文庙街有一处建筑群，气势宏伟古朴，建筑群中伴着参天的树木，草木葱葱郁郁地生长着。1932年冬天到1935年春天，这里设有红四方面军总指挥部、总政治部。红四方面军在这里创建了中华苏维埃共和国第二大苏区——川陕革命根据地，为中国革命史和中共党史写下了光辉篇章。

在通江，许多人家里都有红军时期留下来的印记，比如：印章、书籍以及墙壁上的标语等。这些东西不仅是一件纪念品，更是红军精神的传承。红军精神的传承不只是一种形式，不只是口号，不只是标语，更多是坚定不移的信仰和纪念。若是有亲朋好友从远方来，通江人立刻会领着他们去爬一爬刻有红军标语的璧山，去逛一逛自己已经去过不知多少次的红四方面军总指挥部旧址纪念馆，去缅怀埋葬在川陕革命根据地红军烈士陵园的烈士。也许有人会问："一个地方去了千次万次不会腻吗？"但是对于通江人来说，这是一种精神的修行，也时刻提醒自己现如今的岁月静好，是先人挥洒着热血为我们打拼的。

在一段时期内，川陕苏区是仅存的、唯一的一块根据地，这里成为中国革命发展的重要支撑点。这里承受着巨大的压力，并且在历次的反"围剿"中，最后的战斗也是最残酷的战斗都是在通江进行。通江人民倾其所有支持红军，

母送子、妻送夫、兄妹互送参加红军的动人场面比比皆是。当年，通江23万人，就有4.8万人参加红军，后来幸存的仅4000余人。

走在通江的土地上，一幅幅壮观醒目的红军石刻标语、一幢幢保存完整的革命旧址、一座长眠着成千上万名将士的红军烈士陵园，都会勾起人们的红色记忆。对于土生土长的通江人来说，红军文化就像通江所依赖的诺水河一般，如潺潺流水浸润了整座城。通江人民在金秋九月，翻爬过以前的战壕，上山采摘"将军树"上的核桃；在清明扫墓时，在纪念碑前献上朵朵白菊，还用红布包裹好珍藏的红军马刀。在他们心里，红军精神已经深深扎根，红军精神如同标语一般，深深镌刻在这座城市的灵魂深处。

在这座红色城市中居住的人，大多都是红军的后代。从他们出生之时，他们的骨子里面就已经深深地藏着坚强不屈的精神，就如同这座城市一样，无论何处都没有忘记承载一代人的记忆。

在大街小巷，或是在山壁墙体，通江到处都是那个年代的印记。一处处红色景点、一首首红色歌谣、一句句红色诗词、一个个红军故事都讲述着革命先辈们用鲜血与生命铸就的精神和胜利，这是宝贵的精神财富，也是爱国主义教育和革命传统教育的生动教材。随着城镇化的不断发展和城乡一体化的推进，城市面貌不断变化，我们必须把留在纪念馆中或者是墙壁上的红色文化留存下来，通江这座城才具有永恒的魂！

风云人物篇

故乡的土，故乡的人，故乡的一切都会变成一种思绪萦绕在心头，就像故乡的天空里轻纱薄翼般的白云，久久地漂浮着，衬托天空那忧郁的蔚蓝。故乡，总有一些值得牵挂的人，虽然有些人只是故乡的过客，但也牵着丝丝乡情。与白居易合称"元白"的著名诗人元稹，历史上唯一一位作为王朝名将被单独立传记载到正史将相列传里的巾帼英雄秦良玉，清代翰林李钟峨，清代书法家徐昌绪，著名爱国实业家、民生公司创始人、中国航运业先驱、被誉为"中国船王"的卢作孚，中国民主建国会创始人之一、著名的政治活动家、实业家胡子昂，身残志坚的绣娘石胜兰等，他们都是故乡的骄傲。

风流才子元稹

　　我小时候是寄养在外婆家的，外婆家在四川省达州市通川区，古称通州。外婆家附近有一座大山，平时没事的时候我经常和邻居家的小孩在山上玩耍。记忆里，山中没有人家，只有很多庙宇，有些已经破败，有些还保存得比较好，香火鼎盛。不少庙宇里面还留有很多诗词，听外婆说是当年通州司马元稹所写。

　　我和小伙伴喜欢到破败的老庙宇中去玩，虽然觉得阴森森的，但是灰尘、蜘蛛网、老物件、墙上斑驳的字迹能给人神秘感以及满足孩童那冒险精神。有时候我也喜欢去认墙壁上斑驳的文字，虽然很努力地去辨认，但是还是有很多字不认识，有些即便是认出来了，也不明白其中的意思。庙宇里，时不时有人来上香，上香人跪在那里特别虔诚地念念有词、磕头许愿，我们只当好玩罢了。

　　等我长大一些，开始上学后，上山玩的时间就变少了，闲暇时间也多半是在家看看电视或看看连环画，我最喜欢看电视剧《聊斋》里面的鬼怪蛇神或者一些关于诗词歌赋之类的书，也许正因为如此，突然感觉断了的弦就连上了。小时候在山上玩耍时触摸斑驳墙壁上的文字的画面开始在我的记忆中回放。这时的我才知道"故乡千里梦，往事万重悲"的思乡之情，还有"惭愧红妆女，频惊两鬓丝"对生命的顿悟，以及诗人表达舞者优美的舞姿的"裙裾旋旋手迢迢，不趁音声自趁娇。未必诸郎知曲误，一时偷眼为回腰"，而我们熟知的"贫贱夫妻百事哀"又表达了诗人对自己亡妻的思念。这些简简单单朗朗上口的诗句吸引了我，给我勾勒出了一个活生生的人，我开始去了解他——元稹。

　　元稹，一个没落贵族的后裔，一度官至宰相。他是北魏宗室鲜卑族拓跋部后裔，是拓跋什翼犍之十四世孙。他家中久居东都洛阳世代为官，五代祖元弘，官至隋北平太守；四代祖元义端，官至唐魏州刺史；曾祖元延景，为岐州参军；祖父元悱，官至南顿县丞；父亲元宽，任比部郎中、舒王府长史。他凭借自己的努力，15 岁参加朝廷举办的"礼记、尚书"考试，实现两经擢第；24 岁登书判拔萃科，授校书郎；25 岁中书判拔萃科第四等，授秘书省校书郎；28 岁应制"举才识兼茂、明于体用科"考试，授左拾遗，职位为从八品。

太子少保韦夏卿很欣赏元稹的才华，相信他有大好前程。于是，唐德宗贞元十八年（公元 802 年），韦夏卿将小女儿韦丛许配给他。韦丛不仅贤惠端庄、通晓诗文，更重要的是出身富贵，却不好富贵、不慕虚荣。两人在婚后非常恩爱，感情要好。

唐宪宗元和元年（公元 806 年）四月，元稹被授左拾遗，九月被贬为河南县尉。也是在这个时候，元稹母亲去世，他悲痛不已，在家守孝三年。后来，元稹被唐宪宗提拔为监察御史。唐宪宗元和四年春（公元 809 年），元稹奉命出使剑南东川。他初登官场，意气风发，一心为民，报效国家，遂大胆劾奏不法官吏，平反许多冤案，深得百姓拥戴。同时，他的这些举动触犯了朝中旧官僚阶层及藩镇集团的利益，因此受到排挤。正值他仕途受挫时，其娴熟聪慧的妻子韦丛盛年而逝。为悼念亡妻留下"曾经沧海难为水，除却巫山不是云"这千古传诵的佳句。唐宪宗元和五年（公元 810 年），无稹被以"元稹轻树威，失宪臣体"为由，贬为江陵府士曹参军。从此开始了他困顿州郡十余年的贬谪生活。

唐宪宗元和十年（公元 815 年）三月，元稹出任通州司马。通州，今四川达州，上古时属巴地，夏属梁州，殷商属雍州，春秋战国属巴国，秦和西汉属宕渠县。我外婆家就在这里。我所了解的元稹是个失意、思念亡妻、一心报效国家却又愤愤不得志的人，其诗歌多是哀愁、苦闷的。

在通州为官期间，他仍然一心报国，祈望能够更好地造福百姓。除了做好通州司马的工作，这期间多是和白居易等好友互通信件，以此来排解心中的愤懑。这样的日子虽然过得心有不甘，却是平静的。在这段时间里，他写出了更多有关他心境的诗歌，在通州完成了他最具影响力的乐府诗歌《连昌宫词》和与白居易酬唱之作。

后来，元稹三贬同州、四贬武昌，在官场争斗的起起伏伏中，唐文宗大和五年（公元 831 年）七月二十二日暴病，他再也没能振作起来，一日后便在镇署去世，时年五十三岁，死后追赠尚书右仆射。可以说他和历史上许多郁郁不

得志的诗人一样，他们都一心为国，他们的诗歌都富有万千变化。或许可以说是官场的磨炼成就了他的悲愤诗歌，也或许是因为官场的不得志成就了他在诗坛上的地位。

现在，在四川省达州市通川区建有元稹纪念馆，是一座两层仿唐风格的建筑，外体全部呈红色，中间是镂空状。元稹纪念馆位于凤凰山半山腰，面对达城，背靠大山，配有2000平方米的广场、青石石梯和浮雕护栏，整个纪念馆简洁大气，令人耳目一新。纪念馆内将元稹传略、元稹的文学成就、元稹与通州等内容展现得淋漓尽致，前来参观的人都倍感亲切，纷纷合影留念。

元稹，一生以诗成就最大，其中最具特色的是艳诗和悼亡诗。《元稹集》存文三十多卷，诸体皆备，时有佳作名篇。而我心中的大诗人元稹受时代影响，除了诗歌方面，他还写了不少散文和小说，其中最为出名的就是《莺莺传》（又名《会真记》），叙述张生与崔莺莺的爱情悲剧故事，文笔优美，刻画细致，为唐人传奇中之名篇。小时候吃完饭，我经常看《莺莺传》，看了一遍又一遍，觉得崔莺莺就是我心目中最完美的女神。受此影响，小时候我和伙伴愈发喜欢在破旧的庙宇中去穿梭，而墙上的斑驳字体也成为我们争相模仿的对象。

时光飞逝，后来的我离开了通州外婆家，到了北京，儿时的记忆随着时光的飞逝和在接受新鲜事物中渐渐忘却。在十余年前上映的电影《狄仁杰之神都龙王》中，我才又一次地回想起了我曾经如此钦佩的对象——元稹。影视作品中刻画的元稹才华横溢、情感丰富，和诗画中的原型并无二致。我想，当初记忆中的元稹和家乡的山已经一起留在了我心中最纯净的地方。

虽然我和你的交集很少，只从纪念馆里、古籍里、外婆口中，甚至是破旧的庙宇里了解你，但是当我站在你曾经生活过的土地上的时候，我心潮澎湃。我觉得你不仅是一张名片，一个诗歌的象征，更是我一直在崇拜的偶像，如今的文化盛世缺你不可。

巾帼英雄秦良玉

每次听着这首歌："当身边的微风轻轻吹起，吹来故乡泥土的芬芳"，总会激起我对家乡的思念，老话说得好："梁园虽好，非久居之乡。"越长大，对家乡的羁绊之情也越加浓烈，我也不能摆脱这种状态，我爱我的故乡，爱那生我养我的忠县，爱我们悠久的忠义文化。

忠县位于重庆市中部，海拔最低 117 米，最高 1680 米，典型丘陵地貌，境内低山起伏、溪河纵横交错，由精华山、方斗山、猫耳山三个背斜和忠州、拔山两个向斜构成。忠县有着两千多年的悠久历史，是一座历史名城。贞观八年，唐太宗李世民被忠县忠义文化所感动，亲自赐名为忠州，于是忠州成为全国唯一以"忠"字命名的县级城市。忠州在这浩浩历史长河中涌现出的忠义之士有非常多。古有"刎首留城、忠义两全"的巴蔓子；"只有断头将军，没有投降将军"一身傲骨的严颜；今有"缺钱不缺德"的中国好人郑定祥，"一把锄头扛起一个家"的全国道德模范吴林香等。这些忠义之人里面，我最崇拜的是一位女士——秦良玉。

说来也惭愧，我虽然生为忠县人，但高考前从来没有去过秦良玉的故居。秦良玉的故居位于护国村秦家坝。在这次高考过后，我终于有时间去叩拜我心中崇拜的女英雄。为了能有一个愉快的采风之旅，我在去之前就进行了相关的活动安排，甚至连几点到什么地方都写在纸上，只为了有更多的时间对历史进行探索。秦氏故居我来了！

这是一个清新的早晨，我收拾好行囊，推门而出，外面的云雾还未消散，仿佛是在欢送我这个出门的背包客。我边走边想，脚下的步伐不自觉地加快。看到远方缓缓行驶过来的汽车，我知道，我离它更近一步了。往窗外望去，忠县县城宛如仙境一般，等待有人去解读它，但是我现在没有心思去品读它的美，

因为我脑海中全是关于秦良玉的故事。看到汽车离我在手机里的地图软件上标记的地点越来越近，心情也随之兴奋起来了。

不一会儿，汽车就到达秦家坝。下了汽车，我急忙向周围的人问秦氏故居的位置。一位热心的摩的大叔用特有的家乡话问我："娃儿，你去秦氏故居干啥子？"我向他说明了我的来意，他脸上的表情由惊喜到惊讶。我不解他为什么有如此大的情绪波动，他严肃地回答道："忠县人都听过关于秦良玉的故事，但是知道秦氏故居的人就很少了，更别提会有人来参观，这是使我惊讶的原因。更加意想不到的是，你对秦良玉的兴趣如此之高，实不相瞒，我是护国村人，也是秦氏后人。我带你去吧！"重庆的夏天，40℃的高温，我心里特别过意不去，想给大叔点买水喝的钱，但是不管我怎么说，大叔都不肯收我的钱。

远远地看到秦氏故居坐落在山腰，给人的感觉就是非常气派，丝毫不是之前在网上看到的样子，大叔告诉我："现在当地政府很重视对故居的保护，2009年启动维修工程，加上我们秦氏族人筹资，经过这么多年，才有如今的规模，现在是重庆一级保护建筑。"

秦氏故居一共有两层台阶，刚走上台阶，那绿苔就仿佛在向我诉说它悠久的历史，那青色的砖瓦，飞舞的凤凰，栩栩如生的双龙，形态各异的神兽，造型别致的浮雕，精美的壁画，无不勾起我的兴趣。我走进正殿，进一步了解了秦氏文化对秦良玉的影响。在殿中有秦氏故居的由来和族规的详细介绍，秦氏一族由秦安思从湖北麻城和孝感迁移到重庆，再由其孙子秦良等人迁移到忠县，后来随着家族的开枝散叶，人丁兴旺。后人建立祠堂来维护家族文化的持续和族谱的完善，而秦氏家族也从做人、治家、平天下方面定下了祖训。秦氏人才辈出跟这祖训是分不开的，祠堂碑文记载了秦氏家族的沧桑巨变。

当我还沉醉在秦氏历史发展故事中的时候，一个苍老浑厚的声音在我耳边响起："小伙子，来参观秦氏故居呀！"我恭敬地回答道："对呀，我从小就听爷爷讲秦良玉的故事，今天终于可以来看看了。"后来老人如数家珍般地跟我聊起了秦良玉传奇的一生。

谈起秦良玉，老人说不得不谈她的父亲，秦葵，字载阳，郡岁贡生，好读书，不喜欢沽名钓誉，是忠县的名士，尤擅长兵法。他曾经对他的儿子秦邦屏和秦邦翰说："如果国家发生战乱，你们定要参军打仗，这才像是我的孩子。"后来这些愿望被秦良玉实现了，所以他自号鸣玉逸老。可见秦良玉带给他的骄傲。

老人笑着说："其实关于秦良玉的出生，还有着传奇色彩。"万历元年（公元 1573 年）正月初二，这天正是秦家夫人生第三胎的时候，秦家家主秦葵在夫人的门外徘徊，焦急地等待。突然看到一只金色的猴子跑进夫人的房间，秦葵怕这只猴子会伤害夫人，于是不顾是否符合礼教，拿起佩剑冲进房间。可就在这时，一声婴儿的哭声破天而出，夫人生了一个女儿，这个女儿后来名唤良玉。秦葵问房间的人是否看到一只猴子，丫鬟说："看到一束金光进入夫人体内。"族里的老人说："这是祥兆，秦家要出侯拜相，说明这个女孩不简单。"

秦葵对此却颇感惋惜，于是他在教自己儿子习武的时候，只要求秦良玉学习刺绣和做女红。其实，秦良玉心里是多么希望自己能像兄弟一样习武，可惜父亲不让她学习，她只能在一旁偷偷地学。秦良玉是一个不服输的人，她为了能够跟父亲学武，其间还发生了一个小故事：她知道父亲每次出去和好友见面，都是酒醉而归，于是动了一个小心思。她想趁父亲外出，在半路截住父亲，和他比武，求他收留自己习武。于是，一天父亲和平常一样从薄家吃酒赶场回家，路过平时的小树林时，听到一个稚嫩的声音："此树是我栽，此路是我开。想要从此过，答应我一个条件。"秦葵先是一愣，后又在心中无奈地笑了笑，问道："你想要什么条件？"蒙面人回道："如果你输了，你要收我为徒，教我习武。"秦葵不知道蒙面人打的是什么主意，只好先答应了再说。于是和蒙面人扭打到了一起，令他惊讶的是，蒙面人不仅熟悉他的打法，还能有效作出回击，最后他败下阵来。蒙面人发出清脆的咯咯声："爹爹输了，爹爹要教良玉学武了。"秦葵也笑了，他突然觉得教教女儿秦良玉也是不错的。这孩子如果多加培养，一定能实现自己的愿望。从此，秦葵对这个宝贝女儿疼爱有加，尽心尽力地培养。秦良玉也没有辜负父亲的厚望，她的功夫日益提高，在忠县小有名气。在学习武功的同时，父亲秦葵还说："习武之人必须要学习文化，要做一个像巴蔓子一样忠君忠国的人。"

随着年龄的增长，秦良玉也到了该嫁人的时候，但是秦良玉心气高，一般的男子入不了她的"法眼"。无奈，秦家只好比武招亲。石柱宣抚使马千乘闻讯而来，他也是秦良玉的爱慕者之一。在和秦良玉的比试中，双方英雄惜英雄，最后马千乘抱得美人归。1595 年，21 岁的秦良玉嫁到了石柱。

石柱当时只设有一个土司进行管理，悍匪之风比忠县更甚之。秦良玉本打算帮助马千乘治理事务，马千乘也以她是女性为由拒绝她，不希望她抛头露面，但是这不是秦良玉的风格，她不愿意作为一个花瓶存在。她觉得应该做点什么来改变马千乘对自己的看法。她每天都抬头看天空，低头看蚂蚁，没有人知道她在想什么。她通过天气的变化，推测出石柱今年必将大旱，于是组织大家种植玉米（耐旱），做好粮食的储备。果不其然，石柱当年真的大旱，秦良玉带领大家种植玉米改变了大家对她的认识。因为没有足够的粮食过冬，悍匪加大了对村寨的侵略！正当大家束手无策的时候，又是秦良玉站了出来，她根据当地白木众多的特点，利用白木打造武器（下面圆环，上面长矛配弯钩），再利用大家农闲的时候练兵，建立了一支远近闻名的"白杆兵"。这支队伍不仅有效地保护村寨的安全和财产，还提高了她的威信，使得她在村寨百姓心中的地位和马千乘平齐！

当然这样的功绩还不能表现出良玉的英勇！1599年播州土司杨应龙背叛朝廷，秦良玉夫妇响应朝廷号召出兵攻打杨应龙。正好遇到土家族人过土家大年（石柱是土家族聚集地），秦良玉驻扎的营地里一边开始载歌载舞来庆祝大年，一边做好防范，准备迎敌。杨应龙果然带兵进攻秦良玉夫妇驻扎的营地，不料被秦良玉杀得狼狈而逃，接着秦良玉夫妇连破七座城寨，最后杨应龙被迫自杀，危机解除。此战，秦良玉所带的"白杆兵"初显身手。

但是好景不长，马千乘被邱乘云所害，瘐死云阳狱中，秦良玉的生活也因丈夫马千乘的去世而彻底改变。从那以后，秦良玉暂代马千乘的职务。马千乘的英年早逝对她打击太大了，以前她的身边有一个强壮的臂膀可以依靠，但是现在，她是孤零零的一个人。她曾几次想要放弃，可是每每看到年幼的孩子和质朴的寨民，她坚持了下来，她不是为自己而活，她是带着马千乘的那份责任而活。

在1621年，正是大明王朝频繁易主，内部动荡的时候，远东的后金发动浑河之战，秦良玉响应朝廷的号召，派哥哥秦邦屏、弟弟秦民屏两人带领三千"白杆兵"出川卫国，最后成功抵御了敌人的进攻。可惜的是这个胜利是以哥哥秦邦屏战死，弟弟秦民屏身受重伤换来的。尽管明熹宗封秦良玉为二品诰命夫人，赏赐钱财，给秦家子弟封官晋爵，但是不能还良玉两个完整的兄弟。一想起自己小时候与哥哥、弟弟一起玩耍的场景，再听到这个噩耗，秦良玉的心如刀绞，但是残酷的现实没有给她哭泣的机会，她还要带领将士们继续为国家尽忠。

虽说有秦良玉这样的将领忠于大明王朝，无奈大明王朝仍然在夕阳的余晖中走向落幕。明崇祯三年（公元1630年），皇太极进围京都，此时的大明王朝就像漂泊在海上的大船，随时可能一个浪就把它吞没了。当时，很多地方将领收到进京勤王的通知，但是都按兵不动，采取隔岸观火的做法。当然秦良玉也收到了，他的儿子马祥麟原本打算采取和别人一样的做法，但是秦良玉语重情长地说："麟儿，母亲从小给你讲巴蔓子割头留城的故事，是为了什么？就是为了要让你有忠君忠国的思想。国将不存，我们还存在吗？所以我们一定要进京勤王，保护我们的国家。哪怕要典当家中所有的物资充当军饷，我们也义不容辞。"于是，秦良玉派秦氏子弟把守山海关，皇太极一开始轻视秦良玉，嘲笑大明王朝没有将领出征，派一个女人来送死。可是他错了，面对秦良玉训练有素的"白杆兵"，皇太极一方死伤惨重，没有前进半步，最后不得不撤退。他记住了这个奇女子，记住了这支让他害怕的"白杆兵"。崇祯皇帝为了表彰秦良玉的英勇行为，亲自接见她，还为她题诗四首以表赞扬。这在封建时期是不敢想象的事，可是秦良玉做到了，她以一个女人的身份、一个女将军的身份告诉世上的人，女性一样也能保家卫国！秦氏子弟在这次战争中表现英勇，很多人得到了表彰，后来在忠县秦氏故居还有"一门八大将"的故事呢！

进京勤王的秦良玉名盛一时，天下没有不知道秦将军大名的。正是因为秦良玉如此大的名气，才保护了石柱一方百姓的安稳，为什么这么说呢？因为这跟张献忠有关系，张献忠带领明末的一股流民在四川为非作歹，不断地进攻城池，曾经还一度攻占夔州，占领大半个四川。张献忠不断派出人到各个地方劝降，唯独不敢到石柱劝降，因为他怕秦良玉，他曾经在秦良玉手上吃过败仗。正是因为这样，石柱才得以保全。难道看到四川落入贼人之手，秦良玉会无动于衷吗？其实这也不能怪秦良玉，上次和皇太极一战后，她的家底所剩无几，加上敌我力量悬殊，没有援兵。她实在是有心而力不足，想到四川的百姓生活在水深火热之中，她没有一刻不感到煎熬，这种痛苦比丧失亲人更加难受。

1644年，清军入主中原，天空换了颜色，此时的秦良玉已经是七十岁的老妪。她站在万寿山上看向北方，一看就是一上午，没有人知道她在看什么，等什么？

没有人说得清楚。她知道清军统一全国只是时间问题，但是她不甘心，不愿意背叛她信仰的大明王朝。她在等，等大明王朝的消息。1646 年，远在福州的南明朝廷找到她，希望她领导南明人民进行抗清活动，她没有丝毫犹豫，接受了南明朝廷的委任。因为在她心中，大明朝廷才是自己的国家。因为巴蔓子的事迹一直影响她，还有严颜、甘宁的故事，让她对忠义有不同于常人的理解。可惜的是，这位为明王朝奋斗一生的传奇女将军，在两年后带着遗憾离开了人间，结束了她富有传奇色彩的一生。

"喂，小伙子！要关门啦！"在老大爷地打断下，我走出了秦良玉的故居，也许老大爷短短一个小时的讲述还不能真正让我了解这位女英雄，但是有一点不能忽略，那就是忠义文化对秦良玉的影响。可以说，正是在忠义文化的影响下，才成就了传奇女英雄。同时，秦良玉也加深了忠义文化的内涵！我急忙问道："爷爷，您认为什么才是忠义文化？"他笑着回答："这个真不好说，每个时代都有不同的解读。对于老头子我来说，忠义文化就是忠于中国共产党的领导，对老朋友要讲义气，就是这么简单，我想每个忠县人都有自己对忠义文化的理解吧！"

时间也不早了，我向老大爷告了别，向余晖下的秦氏故居告了别，我相信我还会再回来的，再次回来解读秦良玉的一生。汽车回到了忠县县城，看到忠县如火如荼地建设，看到一座座高楼拔地而起，看到每个人挂在脸上的笑容，我相信忠县人会继续用他们独特的忠义文化进行社会主义建设！

君子李钟峨

"打仗亲兄弟，上阵父子兵"。我认为这里"父子兵"可以理解为历史上常见的搭档。比如，周文王撰写了《易经》，作六十四卦之术，为推翻商王朝打下了基础；周武王率领大军推翻商朝，结束了暴君商纣王的统治。又如东汉末年分三国，群雄揭竿而起瓜分天下，孙氏三父子孙坚、孙策、孙权在东吴建立政权。"治世之能臣，乱世之奸雄"的曹操，他的长子曹丕为建安文坛的领袖人物，他的三子曹植为建安文学的集大成者。再如"一门父子三词客，千古文章四大家""唐宋八大家"中，苏洵、苏轼、苏辙就占了三个席位，并称"三苏"。

而我的家乡通江也有一门三父子同时竞风流、名留青史的文人骚客，其中最为著名的就是"通江三李"。所谓"通江三李"，即是指李蕃、李钟壁、李钟峨父子三人。清代通江县，隶属四川保宁府，僻处万山之中。诺水滔滔，山川灵秀。"通江三李"，即诞生于这一片热土。此父子三人，在康雍乾之世，名动一时，李钟峨主编《保宁府志》《通江县志》。

极具人文风采及文化价值的《雪鸿堂文集》，就是李蕃父子三人所著的诗文合集，共计二十四卷，近百万字。《雪鸿堂文集》内容非常丰富，收入了"三李"的大量诗文，反映出了他们具有深厚的学养和非常渊博的知识。清乾隆年间，《雪鸿堂文集》经山东巡抚采进，载李蕃所著诗文十八卷，收入《四库全书》中；而李钟壁所著诗文四卷、李钟峨所著诗文二卷，则见《四库全书》存目。全书刻于康熙五十八年（公元 1719 年），有藏本今存于国家图书馆、中国科学院图书馆、四川省图书馆等。《雪鸿堂文集》流传海内外，影响深远，是通江现存的最宝贵的非物质文化财富。

通过《雪鸿堂文集》，可以综合观察到"三李"的人生际遇以及从政理念，可以从中得知他们的家世和人生际遇，也能感受到"三李"求实创新和经世致用的文学精神。"三李"生活的时代距今已有三四个世纪，作为生命的个体早已陨落在历史的长河之中，但其思想和品格的独特光焰，已穿过历史的尘封，仍历久弥新，具有指示人生前行之用。

李钟峨的人生际遇，颇多坎坷、磨难，然他在困厄之中并未沉沦，而是坚韧不屈、勇敢向前，成就了人生的辉煌。李钟峨，字雪原，号芝鹿，康熙四十五年（公元1706年）进士。康熙五十六年（1717年），任提督福建省学政。康熙六十一年（公元1722年），九月升左庶子兼翰林院侍读，十一月钦点广西乡试正主考。后授中宪大夫。雍正五年（1727年），升太常寺少卿。他在翰林院供职期间，特别重视选拔培养人才，对考试的"贿嘱陋习"深恶痛绝。同时，他著述甚丰，尤长于赋律，为清初该体之肇端，影响深远。卒于乾隆十四年（公元1749年），终年88岁。

李钟峨一生中曾遇到了几位德才兼备的教师，一直在人生道路上督促着他。第一是他的父亲，对他要求严格；第二是胞兄钟壁，热心帮助；第三是挚师马龙吟，知识渊博，善于启发诱导；第四是妻子雷氏，人称其"二先生"，"春夜伴读，讲五经之义，雪朝吟咏，发诗词之微"。也许正是因为有他们在人生道路的陪伴，使李钟峨在无数的诱惑面前仍然坚持着初心。

"有匪君子，如金如锡，如圭如璧。"李钟峨正如《诗经·国风·卫风·淇奥》中所描写一般，他自身有着高雅君子的形象。君子如玉，赋予玉器人性化的特征，"玉德"也成为衡量君子的一种标准。"古之君子必佩玉"，这也成为有德的标志。他从中举人到告老还乡，历经数十载从一介白衣到太常寺少卿。李钟峨小时候体弱多病，六岁不能行。十八岁，正值青春年少的年纪，父亲受诬入狱。

李钟峨一生曾任《三朝实录》《方舆路程》《国史》《分韵近体唐诗》《大清一统志》等各馆的纂修官。李钟峨两次参与《通江县志》编撰，其中第二次所辑志稿作为道光《通江县志》底本，他所纂辑的《盛京志》为现存东北地区不多的早期方志，他抄录的《保宁府志》《白石纪闻》等或被参考，或被录入后世方志。他为后世留下了珍贵的文献资料，无论是在书籍的数量上还是内容上都非常丰富。并且李钟峨在赋律这方面十分擅长，他的赋律对后世影响深远，成为清朝初期这种文体的肇端。自乾隆以后，馆阁之中最重视赋律，道光皇帝还用这种文体作为选拔人才的一种标准。

李钟峨才华出众，才思敏捷，深受康熙皇帝赏识，若皇帝出游，常常召去作陪。相传，有一次康熙在李钟峨陪同下来到河边，看见船夫在船舱中向外舀水，便口出一联："船漏漏满锅漏干。"随后便让应联，李钟峨稍加思索就对道："灯吹吹灭火吹燃。"后面又走了几步，康熙见沙堆上面一只白鹤在跑，马上说出："白鹤探沙，两行'个'字。"李钟峨看见河里一条红色的蛇从远处游过来，随口对道："赤蛇过河，一路'之'文。"康熙再一次出联道："尺蛇入谷量，量九寸零十分。"这时李钟峨看见有七只鸭子在河里游泳，马上对道："七鸭浮江数，数三双多一只。"康熙出对，李钟峨总是对答如流，对仗工整典雅。

相传，在教导弘历的时候，他秉性刚直，明知弘历地位显贵，也不阿谀奉承。在侍读之时，对弘历与其他学生一视同仁，严格要求，如果书背不得，讲不来，一样受罚——或跪或挨板子。一次弘历贪玩，书未读熟，背不得，于是李钟峨叫他跪着读。正好遇着雍正巡视东宫，见弘历跪着，心生爱怜，便伸手去拉弘历起来，并说："读也是君，不读也是君，何必在此受罚。"李钟峨并不曲意逢迎和唯唯诺诺，立即开口申辩道："读者是生，讲者是师，臣不敢苟同。臣以为：读者是尧舜之君，不读者是桀纣之君。"雍正听后，心里一惊，暗自思量，认为李钟峨讲得非常有理，而且也透出李钟峨忠君爱国的高贵品质与人格。于是雍正反怒为喜，要求弘历继续跪读，便笑着离开东宫。

李钟峨在为官期间十分重视选拔人才，一直以济世经邦之才作为挑选人才的标准，"以故所拔识者，皆一时知名士，而未获录取者，亦咸知奋斗"。这些一系列的措施对肃清福建科场腐败起到了一定的积极作用。同时改变以往取生重文轻武的现象，李钟峨文武并重，宣称："吾不忍名器滥至此，不卖秀才一名，做到文武并重，人尽其才。"此举，使很多读书人感激涕零。为纪念他，福建人民在福建省城中修建了具有纪念性质的诺水书院，书院内塑有"福建学政李钟峨肖像"，春秋享祭，以示不忘他泽惠于民的恩德。朱评在《福建省学政李钟峨肖像诺水书院序》中写道："延平先生为道学渊源，夫子为斯文主持，共堪不朽一也。"

《述异记》云："巴东有真香茗，其花白色如蔷薇，煎服令人不眠，能诵无忘。"在早期的道教中，把茶叶视为灵异瑞草，久服不仅可以延年益寿，耳聪

目明，而且可以身轻如燕，羽化登仙。在巴东洪口兆元山流传着"赵颜求寿"的故事。兆元山，原名赵颜山。传言赵颜因为长期服用茶增加寿命。传说少年时期的赵颜在兆元山香石板处见到了有两位仙人正在弈棋，于是他手提清酒，头顶肉食，跪在香石板上，请求仙人帮他增福增寿。仙人下完棋，喝了酒，吃完肉，便赐他茶果五粒，并教他种茶和饮用的方法。赵颜接过茶果将茶果种植在香石板旁边，不到三年便长成五棵茶树。这五棵茶树枝叶繁茂，异香扑鼻。赵颜经常饮用该茶，精神焕发，活到了 99 岁。尽管这似乎是神话般的故事，不可全信，但或许可以从中探索出道家传播种茶的奥秘。

据传，李钟峨担任上翰林院编修后，便将巴东名茶当作贡品，进献给乾隆，并作《山茶诗》，意在规劝乾隆破除迷信，不可学少年赵颜求寿，只要多饮此茶便能长寿。乾隆读了《山茶诗》，听了"赵颜求寿"的故事，便将茶沏于茶缸，果然满室生香，茶叶叶尖向上，颇有朝王见驾之意。于是龙颜大悦，遂赐名"真香茗"，俗称翰林茶。此后翰林茶被列为贡品，专供帝王饮用。

仙人赐茶种，确实有趣，不过关于李钟峨的民间传说故事还有很多，接下来再略举两件。

传说故事一：有一天，李钟峨正在屋里编书，忽然雍正皇帝来到翰林院，他赶忙将雍正迎到屋内，雍正说："朕听说爱卿近来有事不乐，特来看望。"李钟峨十分惊讶，突然想到家乡的事情，便说道："天这样大旱，我焦虑老家有个大田名古墓田，可能收不起水！若是那样，百姓辛苦一年到最后就没有收成！"雍正说："这不难，我马上下旨，叫当地给爱卿把水收起就是了。"果然雍正下了一道旨，要求通江县令派人把李钟峨说的田收水。县令得知后，马上派遣当地老百姓帮忙挑水灌田，并且在古墓田附近搭起了临时公馆。通江县县令驻在这里亲自督战，所以这个田至今还被乡人称为"公馆田"。

皇帝派去通江巡查的钦差，是一个心术不正的人。他来到通江渡口部，听见一只山羊咩咩叫了两声，便向山上跑去。他想起李翰林常讲家乡文风不错，便想考一考通江人，于是出了一个上联："山羊上山坡，山碰山羊角，咩咩！"他上船后要船夫答对。船夫正在为难之时，忽然看到一头牛在河里滚水，他马上对道："水牛落水底，水淹水牛鼻，哞哞！"钦差听了，心想一个普通的船夫都能够对答如流，那其他人岂不是更厉害，于是便不敢再刁难。钦差回到京城交了旨。雍正皇帝将钦差和李翰林叫到一起。雍正问钦差："常听李爱卿讲，他的家乡文风很好，不知这次去看了，到底怎样？"钦差想借此机会，有意贬低翰林家乡人，便回答道："看来不见得。我在李兄家乡，见一位教书先生在看百姓挑水灌田，便给他出了一个对子：'扁担弯弯，一日百里千挑。'这位先生只是摇摇手，表示没有对起。"李翰林一听便知道是他编造的，知道他想诬蔑贬低自己的家乡人，为了维护家乡人的尊严，必须给予回击。李翰林说："啊，原来他是给你对起了的。"雍正问："何以见得？"李钟峨说："我们那地方的人，很讲究规矩礼节，在尊者面前，从来不正面答对。"雍正又问："那他是怎么个对法呢？"李翰林说："他们是打哑谜，以手势作答。他把手摇两下表示是'玉手摇摇，五指三长两短'。"雍正听了，点头一笑。钦差自讨没趣，自知不是翰林对手，也就不敢再进行诬蔑了。

传说故事二：通江有个七水村，原叫马家坝，因为这里是一处平坝，并且居住在这里的人都姓马，所以叫马家坝，而今叫七水村。为什么叫七水村？这与李钟峨有关。一次，李钟峨回乡省亲，正遇大旱，烈日炎炎，气温居高不下，土地龟裂，满田的稻谷被太阳晒得枯焦欲燃。为了祈雨，乡民们有的舞水龙，有的默默祈祷。李钟峨听说诺水河的牛角嵌住着龙王爷，这龙王爷还能自己调动云雨。于是他赤着脚，头顶烈日步行到牛角嵌怀着一颗赤诚之心想祈求龙王爷降雨。他到了牛角嵌，在洞中朝拜了龙王爷。拜了很久，他觉得龙王爷应该明白了他的心意，于是准备归家。他站起来，转身便看见一名道士。这道士身上穿着素服，脚上穿着麻鞋，走到李钟峨的面前，询问李钟峨的来意。说罢，这道士便取出一个纸包送给他，并嘱咐他在路上千万不可打开，只有到家门口的大田时才能打开纸包。当李钟峨走到马家坝时，感觉奇热难挡，并且走了一天也十分疲劳不堪。于是李钟峨找了个阴凉的地方坐下来休息，同时对道士给他的那个纸包暗自生疑，心里想："这东西有什么用？为什么不能在路上打开呢？定是那道士在骗我！"过了一会儿，李钟峨觉得纸包里有什么在蠕动，便打开纸包，见是七条蚯蚓。李钟峨扑哧一笑，叹道："这个捉弄人的道士！"突然，他手上一滑，蚯蚓落到了地上。这七条蚯蚓浑身通红透亮，他觉得稀奇，想伸手去捉，没想到蚯蚓一下子钻到泥土里去了。正在纳闷之时，突然间从地下涌出七股泉水，这泉水清澈透明。李钟峨看此情景非常懊悔，忙转身再去牛

角嵌，却再也找不到那道士了。

传说那道士就是南海龙王，他看到李钟峨如此虔诚地去为民求雨，深受感动，因此化身道士出现。此事传出，远近人民都来这里取水饮用或引水灌田，自此马家坝的百姓年年丰收。马家坝的百姓为了纪念李翰林祈雨给这里带来的七股泉水，便把马家坝改叫"七水村"。这七股泉水至今长流不断，甘甜可口，过往行人都爱在这里饮水解渴。而今七水人在这里办起了矿泉水公司，人们说："这是李翰林用对百姓的诚意祈来的甘露。七水的存在不光是为我们的生活提供了便利，更是提醒我们将李钟峨铭记在心，正所谓'吃水不忘挖井人'。"

李钟峨的父亲李蕃到山东黄县任知县时，因为李钟峨尚且年幼，只携其哥李钟壁随任读书，把他留在家中私塾读书。在通江有个玉辉洞，当地名儒马龙吟在那里设馆。马龙吟在洞内墙壁上写了副对联："物外洞天，琼橘由来光神马；云间仙窟，风云会合起人龙。"马龙吟希望学子刻苦学习，将来成为"神马""人龙"。李钟峨虽然体弱多病，十一岁才入学，但他聪明好学，学习进步很快。一次课余，李钟峨骑着竹马玩耍，马老师意欲试试李钟峨的才智，随口出题"小孩骑竹马"，要钟峨作对。钟峨见洞旁有一株桂花树，便随口对出"先生赏桂花"。正当钟峨发愤攻读之时，家中突遭横祸，先是一场大火，把家烧得一贫如洗；接着他的父亲因为官清正，与上司和豪强结怨，被诬下狱，虽得营救，仍含冤而死。这两件事的发生几乎使李钟峨停学，想到父亲的冤死，深感清官难当，于是下定决心，获取功名，将来当一个清官，为父洗雪冤屈。自此，李钟峨便边耕边读。十八岁的李钟峨，他白天下地耕种，或为人帮工，晚上，手不释卷苦读文章。李钟峨虽然遇到许多困难，但在自己的坚持不懈和四位人生导师的帮助下，考中进士进入翰林院，开启了人生的新道路。

通江是李钟峨的家乡，他在这里寒窗苦读，这里承载着他年少时的记忆。这里也是他在历尽千帆，品尝过人生百味后落叶归根的地方。

李钟峨是救百姓于水深火热的父母官。他回乡后完成了通江县县志的编撰，把余热献给了家乡。通江的一代大儒先贤李钟峨传承着中华文化的精华，为祖国选拔了无数报效国家和社会的栋梁之材。李翰林不仅是通江县影响深远的历史文化名人，也是全省、全国影响深远的历史文化名人。

书法家徐昌绪

我最近课程不太忙，于是经常在图书馆看书。在浩渺的书海中，我发现自己最近对古籍资料特别感兴趣。一天，在翻阅重庆历代名人的时候，清代书法家徐昌绪引起了我的好奇。最开始引起我好奇心的不是他的传世佳作，而是他的出生地——重庆丰都。咦，居然与我是同乡，这引起了我的注意。

资料记载，徐昌绪，字琴舫，号遁溪，丰都县双龙镇人，清咸丰二年（公元1852年）举人，清咸丰六年（公元1856年）进士。徐昌绪出生于丰都双龙镇的一个普通家庭，自幼学习诗词，才华横溢，精于诗词。现在重庆的许多地方都有他游历的痕迹。

徐昌绪小时候时常研习"二王"（王羲之和王献之父子）的书法，后来逐渐形成了自己的书法风格，他的字里行间隐约可见"二王"的神韵。徐昌绪考中进士后不久，被选为翰林院庶吉士，授翰林院编修。清咸丰十年（公元1860年）升为侍讲学士。

徐昌绪在职期间，日夜勤勉，兢兢业业，依然不忘习文练字，为人很是低调，很少有人认识他。同治帝即位，查肃顺案，徐昌绪受肃顺案牵连下刑部监狱，后来洗去了冤屈。经过肃顺案件后，徐昌绪对官场感到厌恶，后来到东川书院（现在的重庆第七中学）讲学。在后来的二十几年中，他曾多次到江北鱼嘴鹿鸣学堂讲学，游览鱼嘴风光。他死后葬在了现重庆江北鱼嘴场镇，卒年六十八岁。

据记载，最能代表徐昌绪书法功力的作品就是他的《蚕神碑》。其字有碗口那么大，笔力苍劲，恢宏大气，是当时很多人争相研习的楷模。

徐昌绪遗留的真迹，扇面书法三帧，颇见其功力。他的另一幅珍贵的石刻，就是著名的《重治鹤皋岩石路记》，原石碑在20世纪90年代立于建设厂厂区内，现在收藏于重庆中国三峡博物馆。徐昌绪还有很多珍贵的作品都埋没在历

史的长河中，正等待着我们去发掘。

重庆夜景自古雅号"字水宵灯"，为清乾隆年间"巴渝十二景"之一。南岸慈云寺下江边的岩石上，刻有"字水"两个大字，高3.5米，各宽2米多。相传，此两个大字是由徐昌绪就此地"字水宵灯"的故事以及此情此景所书，并由名匠崔兴发凿刻。

不仅在重庆主城有徐昌绪的笔迹，在合川也不难寻觅有关他的遗迹。合川境内，东北近郊，距合川13公里有一古镇——云门镇。始建于北宋乾德三年（公元965年），清代改为云渠镇，后来又改为云门镇。云门镇风景秀丽，嘉陵江、渠江在辖区内的双江村交汇。云门镇境内有云门山，云门镇就是因云门山而得名。云门山海拔约400米，山势蜿蜒曲折，西起云门街道凤鸣村，东至阳彪村鸡公岭，长5公里。隔江远望，寨墙环绕，古刹掩映，林木茂密，形如翠盖。据记载，清代嘉庆年间，地方绅商为了躲避教乱，在山上筑城寨，开凿蓄水天池，迁万人上山，一时热闹非凡。据碑文记载："入夜明灯万盏，碧火映衬，萤挂九天。"至今云门山大城门处，有斗大正楷的"云门"二字石刻，这正是当年游历至此的丰都书法家徐昌绪的墨迹，其字恢宏大气，笔力苍劲，更加凸显云门的壮观风景与辽阔气势。

丰都境内的社坛镇五福村有一处彭氏贞节牌坊，修建于清光绪五年（公元1879年）。牌坊坐南朝北，为四柱三间结构，翘角飞檐、造型典雅、雕饰丰富。牌坊上刻有"圣旨"二字。周围有"九龙捧圣"饰纹围绕，左右两边便是书法家徐昌绪的题联。当时的徐昌绪已是六十三岁的高龄，得知彭氏的故事后深受感动，便亲自为其贞节牌坊题联写字。牌坊的正、反两面都有花鸟浮雕十八幅，字牌题记数幅，正面底层横坊上刻"皇清旌表云骑尉忠祠庠生胡星妻对宜人彭氏忠节坊"。牌坊顶部为镂空雕葫芦宝顶，底部正、反均有抱鼓石，上面为祥云赤龙浮雕图案。

据说，彭氏的丈夫胡星，住在一个名叫胡家场的地方，曾是秀才。他虽然是一个文人，但是从小立志忠心报国、效忠朝廷。在清朝嘉庆年间，白莲教四处作乱，民不聊生。胡星看到这种局面，下定决心，投笔从戎，报名参军。后来，在抗击白莲教的一场战役中，胡星不幸战死沙场，马革裹尸。丈夫参军以后，彭氏不仅要照顾两个孩子，还要照顾公公婆婆，为了撑起这个家，辛苦了一生。

春去秋来，花落花开，彭氏终身没有改嫁，一直默默地等待着丈夫凯旋，没想到这一等，竟然是一百多年。后来朝廷得知彭氏的故事后，光绪帝甚是感动，下旨为其修建贞节牌坊。胡家后世子孙听闻后，十分感动，纷纷捐资修建彭氏贞节牌坊。徐昌绪听闻此事后，在牌坊修建时前来为其题字。

我觉得徐昌绪在丰都做出的最大贡献便是和田秀栗、徐浚镛等合修的《丰都县志》。

每个人心中都有一座城，或质朴、或明丽。我心中的那座城，我的故乡——重庆丰都。故乡的一草一木，皆能撩起我的乡情。此刻寂寥，品味丹青笔墨，以慰我的思乡之情。

不能忘记的卢作孚

在重庆北碚区碚峡西路笔直的马路上漫步，路两边高大的梧桐是初秋的盛景，匆匆的行人也不由得放慢了脚步。路人尽道碚峡西路的梧桐太美，与此同时提到了一个名字，这名字响亮又深沉，他就是卢作孚。

正所谓"前人种树，后人乘凉"。在 20 世纪 30 年代伟大的民族企业家卢作孚先生从上海带回来了 36 株法国梧桐的幼苗，这便是法国梧桐扎根北碚的起源。几十年过去了，曾经幼嫩的树苗早已长成苗壮的大树，荫蔽一代又一代的人。你可以看到老人们打着蒲扇在树下话家常，孩子们嬉戏打闹着争相爬上梧桐枝干，道路的尽头，年轻的情侣相互依偎着携手走过。

唐代诗人戴叔伦在《梧桐》中写道："亭亭南轩外，贞干修且直。广叶结青阴，繁花连素色。天资韶雅性，不愧知音识。"人们赞美梧桐，欣赏它高洁、清雅，传颂它福荫广布。梧桐的名字从在重庆种下的那一刻起就与卢作孚紧紧相连不可分离。

卢作孚（1893 年—1952 年），原名卢魁先，别名卢思，重庆合川人，近代著名爱国实业家、教育家、社会活动家，民生公司创始人、中国航运业先驱，被誉为"中国船王""北碚之父"。

那是 1927 年的春天，卢作孚出任嘉陵江三峡江（北）、巴（县）、壁（山）、合（川）特组峡防团务局局长，借此机会开始了他社会改革的第二个试验——乡村现代化。那个时候卢作孚的民生公司创办还不到两年，而作为峡防团务局，它本是一个维护峡区治安的联防机构，卢作孚让联防机构的功能增加了，他利用这一机构组织主持北碚的建设。他以经济建设为主，发展当地的交通和教育、改善人们居住环境等。从 1927 年起，卢作孚先生开始大力建设北碚，创办学校、设立图书馆、创建博物馆、中国西部科学院、医院以及公园等，可以说凡是当时作为一个城市应该有的设施，在他手里都逐步建设和完善起来。

当十年后著名教育家黄炎培来到了北碚时，北碚的大变化使他惊奇不已。他万万没想到"几年前，满地是土匪"的北碚，如今竟"变成了安居乐业的福地"。想当年，北碚只是一个三百多户人家居住的偏僻小镇，只有几条不规则的街巷，并且街巷很窄、很脏。由于路很窄，两边的屋檐基本把天空都挡住了，一年能晒到阳光的时间特别少。街上到处都是污水，尿桶粪缸遍布街头巷尾，蚊虫苍蝇漫天飞舞，一到夏天，更是臭气熏天。卢作孚动员居民要讲卫生，要勤打扫清洁、疏通水沟，不要把尿桶粪缸放在大街上。估计是人们已经习惯了这样的生活环境，竟然觉得没有什么大不了的。几经劝说，要么是这家动了，那家不动，要么那家动了，这家又不动，始终养不成爱卫生的习惯。无奈之下，卢作孚率领一百多个学生，分赴各街头巷尾，借雨水冲扫街道垃圾，疏导水沟。他身先士卒，跳入沟中，挖刨疏浚。卢作孚以身作则的消息一时间传遍了这小小的北碚城，人们或是被他的精神感动或是上前看看这新鲜事。人群聚集起来，有的甚至当即加入了学生的行列中。一天下来，这从未疏导过的臭水沟，便被打扫得干干净净。从此以后，学生自发地组织起来维护环境。慢慢地，人们在干净的环境中住习惯了，也就自觉地讲卫生了。

卢作孚先生还亲自邀请丹麦设计师守尔慈先生对北碚城区进行规划设计。这种先规划再建设的理念在当时，就算是在大城市也是少有的。当时的小城北碚麻雀虽小，却五脏俱全且颇具审美情调，法国梧桐就是在1937年扎根北碚街头的。现在的人民路、胜利路、碚峡西路均可寻其踪迹。梧桐无言却有灵，它见证了这个小城的春夏秋冬，见证了风风雨雨。虽然卢作孚先生与世长辞多年，但这些优美的梧桐树宛如他的化身替他守护着这座他亲手打造的城市。

卢作孚先生的功绩远不只如此，而且他一生正直，伸张大义，发展民族实业，救国家于危难之中。毛主席说过，在中国民族工业发展过程中，有四个实业界人士是我们万万不可忘记的，他们是搞重工业的张之洞、搞纺织工业的张謇、搞交通运输业的卢作孚、搞化学工业的范旭东。卢作孚在中国近代史上的影响之广之深，可谓真正是荫蔽了一代人。卢作孚白手起家创办航运，当初筹资极为困难，幸亏得到友人支持，筹得8000元资本，亲赴上海订购铁壳小船一艘，于1926年驶回重庆，取名"民生"，正式开始渝合（重庆—合川）线航线。

他除了总揽岸上事务外，还竭尽全力改善经营管理。他曾亲自上船接待旅客，并提出"一切为了顾客"的口号。船上的经理、水手都兼服务工作，对待旅客接待热情，侍候周到，伙食亦好。很快，民生公司就得到了社会好评，班班客满，生意兴隆。

卢作孚先生出任特组峡防团务局局长的时候采取了以经济建设为主，交通运输先行的建设模式。卢作孚先后建成了四川第一条铁路——北川铁路，组织建设了四川当时最大的煤矿——天府煤矿，创办了四川第一家机器织布厂——三峡染织厂，创立了中国西部第一家民办科研机构——中国西部科学院，并率先建成了乡村电话网络。

在抗日战争中，卢作孚参与爱国救亡的宜昌大撤退。1938 年，武汉失守，大量后撤的重庆人员和迁川工厂物资近 10 万吨，屯集宜昌无法运走，并且不断遭到日机轰炸。卢作孚先生集中全部船只和大部分业务人员，采取分段运输的方法，昼夜兼程抢运，不顾日机狂轰滥炸，经过 40 天的奋战，终于在宜昌失陷前，将全部屯集的人员和物资抢运到了四川。在抗战期间卢作孚以满腔热血报效祖国，做出了巨大的贡献。2008 年，重庆评选历史名人，其中卢作孚的评语是："民生公司、北碚实验区、《卢作孚集》，其中任一项都足以改变历史，卢作孚正是这样一位改变历史且让中国人不能忘记的重庆人。"穷则独善其身，达则兼济天下，卢作孚一生兢兢业业、勤勤恳恳，如果把他的人生分为三个阶段，则分别是"革命救国""教育救国""实业救国"。他用一生从多方位实现了对祖国的回报。

卢作孚为社会创造了亿万财富，但自己一直秉承一身正气、两袖清风。在北碚区朝阳街道文星湾一巷 1–33 号便是他曾经的办公地点，一条绿荫小道通向朴素的办公厅，一旁的石壁上篆刻着"卢作孚纪念馆"几个大字。这几个字勾起了多少往事，如今全成了历史陈列在旧址里。到了展馆，展馆里绿树成荫，爬山虎蔓延上了墙体，到处都是赏心悦目的绿色。它们和四周的大树一起环抱成浓郁的绿荫，其中点缀着星星点点的红花。初秋时节馆外的花儿已迈向凋零，唯在这里还是那么富有生气。我此时突然想到在北碚公园的作孚园中沉睡着一个巨人，他是时代的英雄，是祖国的栋梁。在他的墓后有一面深色的大理石墙，上面刻着他生前的名言："愿人人皆为园艺家，将世界造成花园一样。"在卢作孚纪念馆中，我看到了那个曾经踌躇满志的他，看到了那个面对新的规划意气风发的他，看到了那个身为"中国船王"的他，看到了那个舍身为国的他。于我而言他早已不仅是教科书上那冷冰冰的、毫无生气的、为人歌颂的英雄，而是一个有血有肉、有灵魂、有道义的君子。当你走近他工作的地方，当你走近他建造的城市，你会发现一切都是那样的富有生气。

可能是当今时代生活节奏太快的缘故吧，如今来纪念馆的人越来越少。我突然有些担心这里会不会只存于过去人的心中，或者只存在于教科书上的几行文字。纪念馆于我们这些生活在和平年代的孩子们来说，它比起浮华世界中的一些事物可能缺少吸引力。带着些许忧虑我离开了这里，蓦然回首却发现阳光温热，岁月静好，"苔痕上阶绿，草色入帘青"。这正是君子之居啊。我真愿世间少一些浮华，人心去一些烦躁；愿世间多存一所"陋室"，愿君子之姿常在。

风无言，昼无声，满地黄花堆积，梧桐叶飒飒作响似在附和，我久久凝望，我想我听懂了它们的言语。

忆胡子昂先生

时光如清风般匆匆从你我指尖滑过，无声无息，光阴在不断地流转，转眼间距离你离开已经过去很多年了。有人说，时间是残忍的，它会带给人们容貌上的改变，将人青丝染霜，让人褶皱满面，让人健康的身体变得蹒跚。也有人说，时间是宽容的，它能带给我们许多回忆，将过往的故事一直流传。你离开人世间时我还未出生，但时间让我认识了你，让我知道了你是多么得了不起。

1897年的3月，你在家人的期盼中来到了这个世界，你的出生就是给予父母最好的礼物。冬天渐渐地离人们远去，白雪已消融，天气渐渐变得温暖舒适，草地上长出娇嫩的叶子，周围的花朵也竞相开放，到处都呈现出一片欣欣向荣的景象。这三月仿佛是"美人若兮，顾盼流离"的俏姑娘，这三月是一切希望的开始，而你恰好带着全家人的希望来到了人世间，准备领略这世间的一切酸甜苦辣。1897年的中国还处在清朝光绪年间，一切都不太平，这是个百姓被压迫、被欺负的时代，百姓都处在水深火热之中，而你恰好也生在这个年代，出生在四川省巴县南坪镇，也就是如今的重庆巴南区。你是人民的英雄，坚持走"实业救国"的道路，还经营了多家企业，为前方抗战的士兵们建造了一个最牢固的后盾，让他们能在战斗中充满信心、勇往直前，放心大胆地与敌人战斗，因为他们知道在抗战后方始终有一股力量一直在支持他们。你是我们学习的榜样——胡子昂先生。

胡子昂，曾用名胡鹤如，字子昂，是中国民主建国会创始人之一，著名的政治活动家、实业家和爱国民主人士，也是一名地地道道的重庆巴南人。我和胡子昂先生挺有缘分的，我们都出生在春意盎然、充满希望的3月，同为巴南老乡。胡子昂先生曾就读于重庆巴县中学，而我在初中参加保送考试时，本意也想填巴县中学，因为一些其他原因，就填了重庆清华中学。如今想来，若当时我能坚持填报巴县中学，我还可以和胡子昂先生成为校友，那该是多么大的荣幸啊。胡子昂先生毕业于北京农业专科学校（今北京农业大学），曾经担任中华全国工商业联合会主席，中国人民政治协商会议第五、六、七届全国委员会副主席等许多职务，一生成就颇丰。他还曾是克里姆林宫的座上宾，还和世界上第一个社会主义国家领导人伏罗希洛夫、赫鲁晓夫紧挨着坐在一起，面对工人代表做了讲话并获得了热烈的欢迎，但这只是他传奇人生中的一小部分而已。

纵观胡子昂先生的一生，可以看出他是多么热爱这个国家、热爱人民，他的一生都在为救国而不断努力着。当胡子昂在巴县中学读书时，正值辛亥革命，他积极地参加了游行和宣传活动。后来他又投身于五四运动中，担任过巴县农会会长、重庆市教育局局长等要职。无论身处何种职位，他都能应对自如，成绩斐然。1933 年他重新返回重庆，决心走"实业救国"的道路，于是这时候的他开始了经商之路。他建过水泥厂、电力厂、银行、学校等，特别是在孔祥熙的插手下，在华西公司基础上组建成立了官商合办的中国兴业公司，后来还参与主持实施了钢铁厂的扩建工程，为战时的军需民用提供了大量物品。1945 年11 月因中国兴业公司倒闭，他发现"实业救国"这条路并不能走通，于是他开始积极参加爱国民主运动，支持中国民主建国会在重庆的建立。在中国共产党的领导下，积极引导工商界学习共产党方针，努力恢复生产，发展经济。胡子昂先生一生的经历非常丰富，当过政客，入过军界，走过经商路，参加过民主运动，但无论哪一种，他都付出了自己的努力，这样的精神值得我们学习。

现在的我们身处在和平年代，经济发达，交通快捷，这对于我们来说，无疑是幸运的。今天，我们没有生活在战火纷飞的年代，没有过上吃不饱穿不暖的生活，更没有走上四处逃难的日子。我们现在的生活很美好，这些美好都是革命先烈带给我们的。我想，如果时光倒回一百年，我出生在和胡子昂先生同一个年代，我应该也会和他一样走上救国的道路吧。那时的我肯定要去认识胡子昂先生，和他成为好朋友，向他学习如何救国，如何将国家发展得更好，他就是我前进的动力。我的目标就是成为一个像他那样的人，为了国家和人民在各行各业中不断尝试和努力，并积极投身于救国革命的热潮中。

邓颖超曾经说过："在抗日战争期间，我在重庆工作多年，从那时起，胡子昂就与我们合作共事，现在为了祖国统一，一直合作到现在，不愧是党的真诚朋友。"可见胡子昂先生对国家、对民族的热爱之情多么深厚。

每一个人都有一颗爱国之心，就和胡子昂先生一样，我们都对这个国家充满了热爱。还记得刚上小学时，我就渴望成为一名少先队员，因为少先队员可以在脖子上佩戴一条鲜艳的红领巾。大人告诉我红领巾是国旗的一角，是无数革命烈士用鲜血染红的，所以自从知道红领巾所代表的伟大意义，我就特别渴望，一直等待着那一天的到来。那时的我去哪都戴着红领巾。后来上了初中，我成为一名共青团员。上了大学后积极申请入党，我想成为一名优秀的共产党员。我的身份在不断地变化，可我的爱国之心永远不会改变，我的心中永远装着国家、装着人民。就如同胡子昂先生一样，无论身处何地，何种身份，我的心中永远不忘国家，永远想着如何为国奉献。

俗话说："人生得一知己足矣。"人这一辈子说长不长，说短不短，能在一生中遇到一位志同道合的朋友，多么难得。茫茫人海就像是一片海滩，我们就是其中的一颗沙砾，等找到了一位懂自己的朋友就不会感到孤单和渺小。在胡子昂先生跟着共产党走过的40年间，最令他难忘的就是与周恩来总理结下的深厚革命情谊。胡子昂先生常挂在嘴边的话就是在中国共产党和周恩来总理的引导和教诲下，他才能从一个旧社会的民族工商业者成为一个为人民服务的革命干部。

胡子昂先生与周恩来总理相识于1938年的春天，当时还作为重庆华西兴业公司经理的胡子昂先生，想听取周恩来总理对时局的看法和主张，于是在《新蜀报》社长周钦岳的引荐下，他拜访了周恩来总理。在交谈中，周总理分析了国际国内的形势，鼓励要全民族团结，并且支持国共合作，这一段话也让胡子昂先生永生难忘。而在之后多次的交往中，他们的情谊日渐深厚，胡子昂先生把周恩来总理视为自己的良师益友。

1947年9月，胡子昂先生应中共中央之邀到北京，受到了周恩来总理的接见。后来根据党中央的安排，胡子昂先生担任了西南军政委员会委员和重庆市副市长之职。胡子昂先生将自己持有的各企业股票、多余住宅及珍藏的书画无偿上交给国家。可以说没有周恩来总理就没有胡子昂先生，周总理还亲切称呼胡子昂先生为"党的诤友"。

周总理与胡子昂先生的友谊打动了我，让我相信真正的朋友是既可以谈天说地，讨论学习，又可以无私帮助，不求回报。我们应该好好珍惜与朋友在一起的时光，珍惜每一次见面的机会。天下之大，朋友难觅，一位真心的朋友，会对自己的生活乃至人生起到非常重要的作用。

还记得初中学过的一篇课文叫《说和做——记闻一多先生言行片段》，当时的我只是被闻一多先生的爱国之心所感动。老师告诉我们，闻一多先生被国民党特务杀害了，当时我和同学们还在抱怨，为什么他们总是要伤害好人呢？好人不应该一生平安吗？好人不应该好好地活在世界上吗？只是那时的我还不知道胡子昂先生，多年后翻阅资料才发现在闻一多先生去世的时候，胡子昂先生还出席了悼念会，并且说出了让我永生难忘的话。

1946年7月，这是一个令人悲伤的7月，国民党特务在7月11日暗杀了李公朴教授，在7月15日杀害了闻一多教授，令人悲愤。当时在重庆市青年馆举行的悼念大会，大会上挂满了挽联。胡子昂先生以沉重的步伐迈上讲台，以洪亮的嗓音振臂高呼，说出了我们一生所要追求的话语："为了国家民族的前途，我们要呼吁：我们第一要和平，第二要和平，第三我们还是要和平！"

这短短的一句话，不正是无数革命者不惜抛头颅、洒热血也要实现的吗？战争带来的不仅是流血、家破人亡，更有经济的倒退、国家的落后。和平是每一个百姓都向往的，我们生在和平年代是何其有幸啊！战争是可怕的，所以胡子昂先生才会如此渴望和平，如此希望国家太平。林则徐曾说："苟利国家生死以，岂因祸福避趋之。"像胡子昂先生那样的革命者不就是这样的吗？

为人民办好事，是胡子昂先生毕生的愿望。他把全部资产上交给国家。他一生崇尚简朴，廉洁自律，手上一块手表，用了几十年。胡子昂先生的这种品质值得我们学习。

1991年11月19日，胡子昂先生在这平常的一天永远离开了我们，享年95岁。他的一生充满传奇，为国家为人民付出了很多，当国家正在稳步发展，正在走上富强之路的时候，他却离开了我们，离开了他爱了这么多年的祖国，离开了他奉献了一生的祖国。在他95年的人生中，他从没有为自己考虑过，他满心装着的都是那个养育了他的祖国。

在我们的一生中，会遇到许多感动，或许是父母在我们生日时送的礼物，

或许是遇到难题时老师的悉心解答，或许是失败时朋友的陪伴，也或许是陌生人带给我们的感动。而胡子昂先生带给我的感动是不一样的，他虽然没有像其他战士一样上前线打仗，用鲜血书写自己的人生，但他用行动保卫着自己的国家。感谢你为这个国家所做的一切，感谢你为国家富强而奉献的一切。我很幸运，能与你同为巴南人，我很自豪，自豪巴南有一位伟大的人。我会以你为榜样，用自己的方式为国家的富强奉献自己的力量。

岁月在流逝，那些曾经的往事依然记得，它会被时光一直传下去。时间带走的是年华，带不走的是永存于心的记忆。无论在多少年后，我依然会记得你，你一心爱国、渴望和平，永远是我们学习的榜样。感谢你做的一切，感恩认识了你——胡子昂先生。

夔州蜀绣之绣娘石胜兰

今年五月初，我受邀回家乡参加奉节县"传家风、讲家事、爱家人"家书传承活动启动仪式。彩排的那天下午，主办方告诉我还有一个人也会在仪式上发言，然后我的想象开始了一个四维空间的跳跃，还没等我猜出来，主办方就告诉我这个人是石胜兰。石胜兰，这个名字好熟悉，感觉在哪里听过，没错，她就是妹妹在我耳边经常念叨的"夔州绣娘"石胜兰。

相逢情更深，恨不早相逢

早上七点多，烈日就准备好要给予我们最"热烈"的爱，但这仍然阻挡不了我们相聚于奉节县实验中学。激动让我不自觉地在出门前选了一套充满文艺气息的裙子，还不忘认认真真地整理了一番。在脑海里想了很多见石胜兰的画面，听说她需要坐轮椅，我在想第一次见面我该如何安慰她。

当我进入学校时，看见坐在轮椅上的那个她，我的脑海里一片空白。早晨的阳光下，坐在轮椅上的她显得格外美丽动人。她熟练地转动轮椅朝我走来，热情地跟我打招呼，沐浴在阳光下的她，笑颜如花。

后来，从她母亲那里知道了一些关于她的故事。"气质美如兰"是她父亲托人从这句诗中给女儿取的名字。石胜兰从小乖巧懂事，学习成绩更是在全校名列前茅。她的爸爸妈妈为了能把她送到县城永安中学上初中，全家人更是省吃俭用。然而哪知天有不测风云，石胜兰的梦想和父母的期望在她上初一的那年暑假化为了泡影。

1999年暑假，石胜兰给在山上割猪草的妈妈送背篓，见妈妈大汗淋漓，便主动要求自己来背猪草。不到十三岁的她，顶着炎炎烈日，不惧山路崎岖，哪怕汗流浃背仍然坚持着。太阳渐渐远行，她们也该收工了。妈妈十分心疼她，让她趁天未黑赶紧回家。她见妈妈脸上布满担心的愁容，只好背着背篓先回家了。本就身体单薄的她，由于长时间顶着烈日劳作，再加上饥饿，她走起路来自然有些恍恍惚惚的。"前面就是笔陡岩了，得小心点！"她在心里提醒自己。窄窄的山路在茫茫夜色中往前延伸，延伸……这条山路的内侧，是一个偌大的水塘，外侧就是百丈见底、寸草不生的笔陡岩了。她小心翼翼地走着，用小碎步左一步、右一步地行走在山路上，快要走完的时候，她突然身子一斜，跌入了岩底……

夜幕降临，岩底十分寂静，不时传来鸟类的叫声。石胜兰的爸妈拖拽着疲惫的身躯回到家中，却未见女儿的身影。石胜兰的爸妈在屋里屋外找了个遍，仍不见她的踪迹。石胜兰妈妈的心里闪现出一个不好的念头，并以百米冲刺的速度赶到岩底。在岩底，她看到了面目全非的胜兰。胜兰妈妈咬紧牙关，硬是把胜兰从岩底背到了路边。当时夜色已晚，很难找到车辆载她们到县医院。最后胜兰妈妈好不容易拦到一个拖泥沙的货车，把胜兰送到了医院。然而上天再次跟这个家开了一个天大的玩笑，医院停电了。时间一分一秒地过去了，而胜兰的气息也越来越微弱，妈妈的心里也愈来愈着急。妈妈突然跪倒在地，祈求穿白大褂的医生救救自己可怜的女儿。

当班的医生、护士和胜兰的家人都在期盼"电"的降临，安静的过道上终于传来"电来了，电来了，电来了……"的呼喊声。这呼喊声感动得胜兰一家泪如泉涌。妈妈说："终于可以进手术室了，我女儿命不该绝。"然而不幸的是医生告诉胜兰一家，胜兰的生命虽然挽救过来了，但是脊椎神经完全性损伤导致胜兰的双腿失去了知觉，胜兰失去了站起来的机会。

凤凰涅槃，劫后重生

相传神话中的不死鸟凤凰每隔 500 年便会从灰烬中浴火重生，如此循环，成为永生。

不足 13 岁的石胜兰命运多舛，虽然捡回一条命，但是手术后她需要面临各种难题，如需要学会过跟以前不一样的生活，需要学会如何做到生活自理，需要学会调整自己的心态并照顾家人的感受。她现在脸上堆满笑容已成了一种习惯，因为只有看见她脸上的笑容胜兰爸妈才会放心。

　　时光犹如白驹过隙，石胜兰渐渐长大。爱笑的她，嘴角老是挂着笑容。本就喜欢书籍的石胜兰从不在爸妈的面前表露出想买书的心思，因为她知道爸妈为了给她治疗手术后的并发症已经家徒四壁了。知女莫若母，妈妈怎会不知女儿的心思呢，妈妈不甘心女儿的一生就这样度过。于是妈妈省吃俭用也要为女儿买书，比如《钢铁是怎样炼成的》，还有民国四大才女的书籍。石胜兰畅游在知识的海洋中，无法自拔，甚至忘记了自己没有知觉的腿。

　　这样的胜兰是坚强的！

　　上帝为你关闭了一扇门，就一定会为你在别处打开一扇窗。2007 年，妈妈背着胜兰出门，在公交车上遇到了一位慈祥的老奶奶。老奶奶看到石胜兰的情形，又听到了她的不幸遭遇，颇为同情。老奶奶见石胜兰的手很灵活，便向石胜兰介绍了一门手艺——刺绣。于是妈妈和她来到了重庆刺绣单老师的蜀绣店。初入店中，石胜兰被那些精美的蜀绣所吸引、撼动。然而一些疑问在胜兰的脑海中跳跃，她害怕老师不愿意收她为徒，害怕坐轮椅的自己不能被老师接受，害怕不能学到如此精湛的手艺。

　　万幸的是老师告诉石胜兰，只要她愿意学，能吃苦，能坚持就愿意收她为徒。在与石胜兰的谈话间，她告诉我，她特别感谢老师给予了她一次重生的机会。老师没有嫌弃她的"不方便"，所以胜兰特别珍惜这来之不易的学习蜀绣的机会。自此，石胜兰的人生发生了很大的变化。

蜀绣生涯，坚持相伴

　　据悉，蜀绣作为中国四大名绣之一，距今已有三千年的历史，拥有 122 种针法，同时，2006 年，蜀绣被列入第一批国家级非物质文化遗产名录。

　　为了让石胜兰能学习蜀绣，石胜兰的姐姐辞去了一份待遇不错的工作，还承担起了接送石胜兰的责任。别看石胜兰的姐姐瘦骨嶙峋，力气却大得惊人，她每天先将轮椅扛到楼下，再返回五楼背石胜兰，然后推着石胜兰走四十几分钟的路程，才能抵达老师的店里。看着姐姐的辛苦付出，石胜兰的眼里含着泪水，暗暗发誓"我要学好刺绣"。石胜兰只要一拿上针，就埋头苦练，因为她知道姐姐为了接送她，已经付出了太多，所以她倍加珍惜每一次向老师学习的机会。由于她身体的原因无法坐直，只能直接趴在绣绷上。没过几天，老师的一对漆

得很漂亮的绣绷，就被磨掉了漆。

　　石胜兰还讲道，有时候遇到不懂的问题，其他同学还可以站起来向老师请教，而她无法站立，只能在老师教的时候更用心记，然后一遍一遍地去琢磨。她就这样咬牙坚持着，因为她相信只要肯用心，铁杵磨成针。

　　一个月后，老师告诉石胜兰重庆市要举办重庆市的第一届职业技能大赛，大赛的比赛内容包括刺绣项目，才学习一个月的她有些惶恐，不敢参加，最后在老师的鼓励下，她还是报名了。一个星期后，石胜兰获得了她人生中第一个刺绣的奖，还拿到了高级技能证书。石胜兰是在获奖人群中，学习刺绣时间最短的一个。工艺美术的老师见她能在短时间内绣出如此好的作品，便推荐她加入工艺美术行业协会，从此她成了工艺美术行业协会会员。

　　石胜兰表示能学到这门技艺她感到十分自豪，这也是大家对她的第一次认可。自此，刺绣成了石胜兰一生的追求，她不惧前路艰辛，勇敢地迎难而上。

　　学习刺绣两个月后，由于无法承受经济压力，石胜兰便回到了家乡奉节。回到家后，石胜兰并没有放弃继续学习蜀绣，她在练习时不断印证老师传授的针法和知识点，以求达到熟能生巧，通过温故知新，不断尝试和琢磨不同的针法。那时正值夔门枫叶正红的季节，她想着用"针"情表达自己对家乡的热爱，所以她第一次尝试着绣奉节的特色画《夔门红叶》。绣的过程中，她遇到过瓶颈。因为她不知道如何动针，不知道用什么针法才能把自己家乡的美景用针线绣下来，不知道自己是否能完成这个作品。那时候妈妈总是鼓励他，陪伴她左右，妈妈和颜悦色地说："你每天绣一点儿，像蚕宝宝啃桑叶一般，一点一点地啃，哪怕今天只能啃绿豆大一点，明天就能啃黄豆大，接着就更大了。"在刺绣的过程中，石胜兰要求作品精美，所以哪怕有一点点瑕疵，她都会立马拆掉重绣。这作品拆了一遍又一遍，就这样反反复复、反反复复。绣成功的那天，石胜兰和妈妈激动地落泪了。

　　这幅画背后的故事感动了无数人，同时也在重庆市工艺美术展览上获得了银奖！石胜兰的作品既有蜀绣的精髓，又有现代美术的特点，其作品栩栩如生、色彩鲜明、独具一格。经过多年的练习，石胜兰的作品大到绣的时间达一年的《夔门》，小到绣两三天的扇子，都堪称精美之作。

　　2008年的汶川特大地震，让不少人失去了家园，失去了家人、挚友。一句"灾难无情，人间有情"深深震撼了石胜兰，看着身边的人都在尽自己的一份绵薄之力，石胜兰也希望自己能为灾区做点什么。石胜兰没有钱捐，也不能去现场当志愿者，她只能捐出自己一针一线绣出来的画，为汶川做一点贡献。于是她把画装进编织袋里，在妈妈的陪同下，来到县城。几经波折，她们终于来到了奉节县红十字会，当她拿出绣的作品后，当场就有人花了六百元买下。她毫不犹豫地把六百元捐给了地震灾区。也许在大难面前，六百元只是杯水车薪，但她的善良是无价之宝。

再创佳绩，为你喝彩

每个人的人生都有着许多无法预见的变数，唯一不变的就是坚持我们心中的目标。俗话说得好，成功只属于有准备的人！石胜兰的绝处逢生、劫后重生、"针"情相伴、乐观向上、不畏困难、善良等都是她再创佳绩的利刃，帮助她一步步实现属于她的梦想。

时间悄然而逝，提及过往种种，石胜兰选择微笑面对。我静静地听着她的妈妈讲述往事，我的泪珠忍不住地往外流。石胜兰不自觉地握住了妈妈布满皱纹的双手，四目深情相对。当妈妈讲起石胜兰到处参加刺绣比赛时，眼睛里流露出的全是自豪，话语间全是骄傲！

2015 年石胜兰的作品《荷花》捧回了四川省工艺美术精品展金奖。2015年在残联的帮助下，石胜兰参加了在武汉举办的第五届全国残疾人职业技能大赛，获得了大赛的拼搏奖。2016 年她创作的作品《白帝雄姿》获得了重庆文博会首届工艺美术暨国际艺术精品展金奖。

一次次被世人肯定，大家赞赏的眼光成为石胜兰对刺绣技艺深耕不辍的动力，我想这就是石胜兰以自己的方式为自己喝彩！看到这里，大家有没有从我们夔门的绣娘——石胜兰的身上学到一些独特的东西呢？

佳肴美食篇

　　悠悠天地阔，浓浓故乡情。故乡到处都有童年的足印，令人终生难忘。纵然他乡也有情，他乡也有爱，人却常在梦里故乡行。特别是身在异乡，会更思念故乡，思念那一抹云，思念那熟悉的味道。当岁月流转与时光轮回都无迹可寻时，蓦然回首，你会发现有一样东西藏在时光长剧的背后，等着你去发现……那就是家乡的醋、龙眼、豆腐乳、脐橙、银耳，这些不仅是单纯的美食以及藏在记忆里的味道，还有那儿时的趣事，那与家人一起度过的难以忘怀的回忆。距离会把人分开，时间会把人分开，生老病死也会把人分开。但是尝一口家乡的味道，你就会发现，有些人有些事，根本没办法分开。舌尖传来的味道，让每一个外乡人，立刻就回到了遥远的家乡，回到了长大的地方。

家乡的醋香

我的家乡在重庆一个叫静观的小镇，我在这里长大，这里有我太多的回忆。我酷爱这里醇厚甘甜的醋香。醋，很多地方都有生产，更有许多国际知名品牌、百年老字号等。但是，静观镇的醋，是我儿时的记忆，刻在了骨子里，是无法替代的。

在我国西南很多地方都会有"赶集"，也叫"赶场"。重庆、四川、湖南、贵州等地的方言与北方人说的赶集、湘赣地区说的"赶墟"、客家人讲的"赶圩"意义相同，又称"赶街"，湘桂粤一带称为"赶闹子"。我们这里的"赶场"时间是带有3、6、9这三个数字的日期，每到赶场这一天，周边的村民都上街售卖自己家的土特产或者全家出动上街购买物品，这使得平常本就熙熙攘攘的街巷此刻被堵得水泄不通。这一特点在老街更是突出，静观镇的老街历史悠久，房屋是老建筑，街是老街，一条路通到底，路较窄，路的两旁是住家与商户的结合。或许是人们习惯了老街上的叫卖声，贪念这一份旧感情，赶集的人群基本都往老街走，造成在老街买东西与卖东西的人都多。人们没有避让的空间，只能人贴人地走着。碰到赶场天时，在街上三两步就能碰见熟人，大家一起聊聊家常。虽然拥挤，但是大家都喜欢这一份热闹。

随着社会经济的发展，人们的日子越过越红火，每当赶场天你总会看到他们聚集在老街的茶馆喝茶。茶馆里总是被坐得满满当当的，茶馆外也常常是人。人们即使站着也不想离去，他们聊一聊今年的收获，明年的打算，气氛好不融洽；他们谈天说地，很是热闹。静观的发展势头引来了外面的投资，他们在镇上建了一栋栋楼房，形成了大片的小区。在近几年新建的这一片区域，我们称为"新街"。老街印刻着我家乡的过去，新街见证着我家乡的发展。

记得小时候的我呀，只要遇到不上学又是赶场天的日子，必不可少地吵着要爷爷带我上街买吃的。我只要看到好吃的就挪不开脚，在买了我喜欢吃的果冻、棒棒糖、薯片后，便不再赖着爷爷背了，撒欢着在爷爷周围跑。爷爷有时候也烦我，但是他老人家也拿我没有办法，只好将我背在肩头往街上走去。那时候感受不到那是多么的幸福，那个肩膀是多么的温暖，当时只以为平常。后来，爷爷去世了，我再也没有了那宽厚温暖的肩膀。

爷爷上街要么是被我拉着去，要么是奶奶让他去买生活用品，其中，我记得爷爷经常买醋。爷爷买的既不是"保宁醋""山西老陈醋"，也不是"镇江香醋"，但这个醋也是有历史的，它不是那样的广为人知，它就是静观制造的静观醋。所以，我最早认识的三个字就是"静观醋"。

据资料记载，我国是世界上最早用谷物酿醋的国家，酿醋历史距今已有三千年，醋在中国各大菜系中是很重要的调味品。相传，醋是酒圣杜康的儿子黑塔发明的。杜康发明了酒，他儿子黑塔也学会了酿酒技术。后来，黑塔在酿酒后觉得酒糟扔掉可惜，就把酒糟放在缸里存着。存了二十一天后，他一开缸，一股从来没有闻过的香气扑鼻而来。在浓郁的香味诱惑下，他尝了一口，那味道酸甜兼备，于是拿来当调味酱使用了。由于存放了二十一天，又在酉时开的缸，因此黑塔就把二十一日加"酉"字用来给这种调味酱起了个名字叫"醋"。

据说静观镇于清朝末年开始制作醋，迄今已有一百多年的历史，早在20世纪40年代就已远销东南亚一带的国家和地区。静观醋在1979年获得过四川省商业厅优质产品奖，1980年又获中商部优质食品奖和重庆市优质产品称号。现在静观镇没有工厂生产醋，只有一个家庭在生产，虽产量不大，但全是手工制作，品质极优。他家的醋有很多种，可以分为麸醋，糙米醋，糯米醋，小麦醋，米醋，等等。爷爷经常买的是麸醋。

小时候走在路上，我特别好奇为什么每次上街，奶奶都要叮嘱爷爷买醋。爷爷说："可能你奶奶习惯了做菜要放醋吧，你看溜菜、凉拌菜、做面条、酸辣粉不都得要醋么！"爷爷领着我来到他经常买醋的那户人家，那家人没有招牌，从外面看就是普通的一户人家。因为我家里使用的醋一直都是在他家买的，自然就成了熟客。老板看见爷爷来打醋，搬出板凳招呼着。在爷爷与老板聊天时，好奇心让我走进了里屋大厅，里屋的味道是酸中带着一股香甜。老板家还制作了醋的完美搭档——酱油，还有红彤彤的豆瓣酱。大厅里放着大缸，里面装着供顾客选择的成品。我环顾四周，看见有一间房里冒出热气，不时还有一阵阵酒糟香散发出来。在还没进去一探究竟时，爷爷就在院里叫我。爷爷怕我在里屋捣乱，他没多久就进来了。

老板拿出舀醋的勺子，走到一个大缸前，掀开缸上覆盖的一层厚厚的纸，据说这纸的主要作用是隔绝空气，保持味道。在掀开的那一瞬间，整个屋里都是酸味刺激着味蕾，我忍不住地吞口水。老板舀了几勺在瓶子里，缸里的醋随之搅动，更加扩散了它的味道。

买了醋，我一直揪着爷爷的衣角，让他带我去旁边的那间屋。热情的老板看出我的好奇，让我进去看看。我探出脑袋，看着那屋里的一切。房里的一个角落，放置着几个较大的酒壶，地上放着大米和玉米，还有些葡萄、马铃薯、谷糠等。老板说，这是制作醋和酱油的生产间。老板娘正在这间房里忙着，她将谷糠与碎米混合、加水，然后登上一个较大的楼梯将其倒入特制的蒸锅里。老板娘赶紧走下楼梯，观察锅炉里的火，随后，老板和老板娘一起将原料倒出冷却，再加入酒精。老板说刚才的步骤是第一步，后面还要发酵。听着老板说了一大堆，感觉工序太复杂了，我没能记清楚。

离开作坊的我，提着买的这瓶醋开心地往家里走。记得那天回到家，在奶奶炒菜的时候，我拿着那个醋瓶一直站在她身边，因那种跃跃欲试想给每一道菜都加点醋的动作太明显，所以不一会就被大人抱走了，我当时好难过。

这家制作醋的家庭作坊现在还在营业，老板与老板娘仍然靠手工制作，不用任何的现代机器，他们解释说怕失去那一份鲜香的醋味。也许正是这个原因，静观镇的大多数家庭现在仍愿意到他家去购买醋。在放假坐车回家经过他们家的时候，我还是会歪着脑袋看过去，看到镇上的人去购买他们家的醋或者酱油。老板仍然带着以前的热情，招待着来往的客人。

现在的我受家乡醋的影响，对于醋有一种特殊的爱好，特别喜欢在可以加醋的菜中加入许多醋。比如，我会觉得凉菜中的醋味越浓就越好吃，又如吃串串或火锅时在油碟里加入许多醋，只要稍微觉得没有醋味了，我就会觉得不好吃了。与朋友一起吃饭，她们都惊叹于我对醋的喜欢程度，常常开玩笑说别人吃火锅留下蒜味而你留下醋味。这时的我就会对她们说："你们不知道醋能降低辣度，还能美容养颜吗？哈哈！"

　　现在是我大学的第一个暑假，我已经回家了。就在刚才，我吃了用静观醋拌的凉拌茄子。我心中家乡的味道，有着醋的鲜香。嗯，就是这个味。

听着水声长成的美味

暑假忙完事情回到家，已经是立秋后了。大半个月里，看着田野上的稻谷慢慢从嫩绿变得微黄，从干瘪变得饱满，扑面而来的收获气息让人忍不住想多享受一番。站在田野上，感受着夏末秋初的凉风，无比的放松与惬意，不禁让我回想起小时候与小伙伴奔跑在山野里的场景。

小时候的快乐总是很简单，我最喜欢秋天，秋天是成熟的季节，也是收获的季节。那时候我家的院子周围有许多果树，一到秋天，树上就会有许多美味的果子，吃都吃不完。我以为这些就是最好吃的美味果子了，直到一次大姑从县城带回来一种果子，才让我对美味有了新的认识。那个果子就是龙眼，它有大拇指这么大，圆圆的，外表是棕黄色的，剥掉壳以后晶莹剔透的，吃着非常甜。吃了一次之后，以后大姑每次去城里，我都缠着她给我带，我还经常把吃完后的果核找个肥沃的土壤埋起来，期待着来年生根发芽长成大树结满果实呢。可是直到我读大学了，它也没有长出来，真叫人哭笑不得。小时候我还问过奶奶为啥我们家周围不长这种果树呢，奶奶说这种树太金贵了，它挑地方。我说我们这里不好吗，然后奶奶就笑笑，也不回答。

有人说记住一座城，就是记住一种味道。现在我长大了，离开了家乡，这种味道依然在脑海中根深蒂固。现在每次回家，我都会给爷爷奶奶带许多龙眼，让他们尝尝。正是由于对这种美味的痴迷，驱使我想对它进行一次全面的认识，以解心中的疑惑。

每次从县城坐车回家，刚出城不远处就有一大片龙眼树园。龙眼成熟时每棵树都挂得满满的，沉甸甸的，把树枝压得很低，路上的行人伸手就能摘到。这里正是号称"龙眼之乡"的重庆兴义镇，这里每家每户的房前屋后都种着龙眼树。这次在回家的车上，终于听到有人谈论我所疑惑的问题了。一个中年人看着车窗外挂得满满的龙眼树，纳闷道："说来也奇怪，这龙眼只在这地方长，并且在这地方才会结这么多果子。在我们家那边不管种在哪里它就是不长，也不结果子"。这时车上的老人笑道："这龙眼啊，说是要听着水声才会结果呢，你看看这林子外边是不是就是长江了。"我当时就纳闷，这龙眼树还有这样的闲情雅致？还非要听着水声才会结果。可是在我家那边就算种在池塘边上，它还是倔强地不肯结果子，甚至根本就种不活。这迫使我查阅了很多资料才慢慢搞懂了它的"倔强"。

龙眼这一名字的由来众说纷纭，相传古时候，有人在机缘巧合下认识了一条善龙。有一天，这人进城看到了张贴的皇榜，皇榜上说，皇后得了眼疾，要龙的眼睛才能医治，若是有人能寻来龙的眼睛必定赏黄金万两。这人立刻就跑回去找到善龙，请求他献出他的眼睛。善龙挖出了自己的一只眼睛，给了这个人。这个人将眼睛拿到皇帝面前，皇帝非常高兴，说如果他将另一只眼睛也一并带来，定赏个大官，以后有享不尽的荣华富贵。这人听后又回去找善龙，善龙不愿意再献出自己仅有的一只眼睛了。这人就起了歹心，趁善龙不注意，一刀插进了善龙的另一只眼里。善龙大怒，腾身而起，将这人叼到空中摔死了。但是善龙的眼睛也掉了下来，最后长成了一株龙眼树。

也有人说龙眼的名字有其他的说法。传说，很早以前，在福建一带，有一条恶龙，每逢八月海水涨潮的时候，就兴风作浪，毁坏庄稼，糟蹋房屋，害死的人和牲畜不计其数。周围的百姓只好逃离家园，在石洞里躲起来。当地有一个武艺高强的少年，名叫桂圆。他看到恶龙兴风作浪，便决心为民除害。到了八月，大潮来时，他就准备了很多的猪肉、羊肉。恶龙上岸以后，一看到猪羊肉就馋得口水直流，很快就把肉吃光了。那猪羊肉是用大量的酒泡过的，所以恶龙没走多远，就醉倒在地上不动了。这时桂圆举起钢刀，朝龙的左眼刺去，龙眼被剜了出来。恶龙痛得来回翻滚，正要逃跑时，桂圆揪住龙角，骑在龙身上。当恶龙极力想摆脱桂圆时，桂圆又用钢刀刺向恶龙的右眼。恶龙失去了双眼，痛得嗷嗷大叫。经过一番搏斗，恶龙因流血过多死去。桂圆由于在搏斗中负伤过重，也死了。于是，人们为了纪念桂圆除掉恶龙，就把他和恶龙的眼睛合葬在一起。结果在这个地方长出了一棵树，还结出了果，人们把这果子称为"龙眼"，也叫"桂圆"。

　　还有另有一说法是，古代人把桂圆圆溜溜的球状果实比喻成各种各样的眼睛，大个儿的桂圆叫龙眼，中等大的叫虎眼，最小的叫鬼眼，但现代人都把它们统一叫作龙眼或桂圆。

　　根据史料记载，古时候龙眼就被列为重要的进贡果品，西魏魏文帝曾召集群臣："南方果之珍异者，有龙眼、荔枝，令岁贡焉。"这一美味果品一直以来就深受帝王贵族们的喜爱，到了宋代，龙眼已经在泉州等地大量种植。大量的需求，促使这一果品迅速发展起来。一直到 18 世纪后，龙眼才由我国传到印度以及南亚一带。龙眼因产地和气候的不同衍生出了许多不同品种，著名的品种有普明庵、凤梨穗等，但最惹人喜爱的还是东壁龙眼。东壁龙眼原产自泉州市区开元寺内东塔旁的原东壁寺内，东壁龙眼因此得名。相传，最早是明万历年间开元寺的僧人所种植的，经历了几百年才逐渐枯死。仙游有一个僧人从泉州开元寺取了一株东壁龙眼的树苗，带回种植在仙游境内，现在已经繁衍出了 2 万余株的龙眼树。东壁龙眼是所有品种中最优质的，其果实大而圆润，外壳呈淡黄色，果肉呈淡白色，晶莹剔透，丰厚又脆甜，具有"放在纸上不沾湿，掉落地上不沾沙"的特点，简直就是水果中的珍品。

　　我的家乡还好有这么一块种植龙眼的黄金宝地，那就是丰都兴义镇。家乡种植这种美味果品已经有上千年的历史了，但以前的品种不是十分优质，加上树木的退化，很难得到大家的青睐。直到 2003 年，丰都兴义镇从福建省福清市引进了大乌圆龙眼、石硖龙眼、九月乌龙眼等优质的品种，接着对原本的老品种进行嫁接改良，并不断扩大种植面积，才有了如今的丰收景象。2006 年，丰都兴义镇被重庆市命名为"龙眼之乡"。

　　影响龙眼生长和结果的因素有很多，像我家乡兴义镇属于亚热带季风气候，季风发达，雨量充沛，四季分明。龙眼对水域和土质也十分挑剔，一般要种植在流动水域附近，像江、河、海等附近，这还真是要听着水声才能生长呢，并且土质要疏松多砂石的那种。所以，难怪我小时候在自家房屋周围种了那么多种子也没长出个一棵半棵果树来。

　　来到"龙眼之乡"丰都兴义镇，这里满山遍野、公路两旁、房前屋后密密麻麻的都是种植的龙眼树，一到秋天，这里高的矮的、远的近的、大的小的龙眼树上都结满了黄澄澄的龙眼。秋天，这里的每个人脸上无不洋溢着丰收的喜悦。这里的树有的还没有一人高，但果实依然挂满了枝头，路过的行人伸手就能摘到。朴实的兴义镇村民不在乎你摘果子吃，甚至有时还会亲自将自家成熟的龙眼从树上摘下来款待你。他们不怕你吃，就怕你不珍惜劳动成果，或者是摘了没成熟的，不好吃又给扔掉，那才是村民们最不愿意看到的。大多数的龙眼都是现摘现卖，都是吃新鲜的。村民们直接从树上摘下来就摆在自家门前售卖，许多过路的行人或者是自驾游的旅客想吃的话就直接来买，又或者是自己去树上采摘，还可以体验一下爬树摘果的趣味。龙眼不仅可以剥开直接吃，还可以剥开后和红枣、枸杞等一起入锅煲粥，那味道实在太美味，想想都让人垂涎三尺。

正因为龙眼果肉鲜美，味道甘甜，功效多，药用价值较高，所以它不仅在丰都境内销售，而且随着近年来电商产业的高速发展，扩大了龙眼的销售渠道和范围。丰都龙眼已经远销全国各地，更是受到了消费者的一致好评。其实现在丰都兴义镇龙眼产业的规模化发展经历过三次重大机遇，一次是2004年的移民扶贫项目，一次是2007年的长江绿化工程，还有一次是森林工程。这三次重大机遇促进了今天"龙眼之乡"的形成。截至目前，兴义镇共种植龙眼树1万亩左右，已经基本形成了海拔300米以下的长江库岸产业带。一株成年龙眼果树占地面积虽然只有几平方米，但它创造的价值是几百上千元。这里的家家户户都种植龙眼树，总面积约1万亩，而丰都县全县有5万亩左右，按亩产量1000公斤计算，待全部果实成熟后全县总产量可达5万吨，基本可以实现年产值3亿元左右。这个听着水声长成的果实，不仅美味可口，药用价值高，而且还是带动家乡经济发展的一大功臣。

当然我家乡的美味不止龙眼这一种，还有丰都锦橙、丰都三元红心柚、丰都牛肉、丰都榨菜等，这些都极受人们的喜爱。随着交通越来越便利，丰都的旅游业发展十分迅速，越来越多的游客来到这里休闲度假，品尝美食，欣赏风景。丰都人民是好客的，欢迎全国各地的朋友来丰都做客，来品尝这听着水声长成的美味。

思念的味道

好的音乐能勾起每个人不同的情感记忆。我个人比较喜欢听英语歌《500MILES》，它歌词简朴，旋律优美，给人强烈的画面感。

这首歌表达漂泊的游子离家乡越远，对家乡之景，特别是对家乡之人的思念之情就会愈加强烈。我离开家乡外出求学也一年了，我喜欢站在连接学校南北校区的天桥上，看着桥下车水马龙，看着绚丽的霓虹灯，觉得一切是那么的梦幻，那么的不真实。看得越久就越怀念自己出生的地方，怀念那儿时的味道！

我的老家在重庆忠县的一个小山村，那里有我儿时的记忆。最难忘的是村子后面的树林，那里是我童年的乐园。小时候经常和小伙伴在那里玩耍，我们在树林里乘凉、捡蘑菇。不管多大的太阳，树林里的光线总是柔柔的，像棉花糖似的柔软。我那时有点调皮，喜欢抓点蝉放在女孩子的身上，吓得女孩们大叫；或者用绳子系在癞疙宝（蟾蜍）的腿上，然后提着癞疙宝去吓我的小伙伴。当然，我没少受她们的"毒打"。还有家门口那条小溪沟也是我们的游玩场地，没事的时候就约一两个小伙伴一起摸鱼、抓螃蟹。我在现场进行分工部署，俨然就是一个指挥家。当然在我的指挥下往往收获甚微，虽然螃蟹有两只，但是鱼儿游得太快了，注定和我们无缘。

小时候，我没少带我的小伙伴惹麻烦，可是不管怎么调皮，小孩子都有怕的人。我也不例外，现在回想起来，我的耳朵都隐隐作痛。那个人是谁呢？就是我奶奶。由于奶奶没有上过学，也就没有什么先进的教育理念。在她眼里，调皮的孩子就该得到一顿"毒打"，只有打疼了才会记住他做的事情是错误的，下次才不会犯同样的错误。虽然我不赞同她的观点，但还是有效果的，等下一次惹祸前，我都会摸摸自己的耳朵，看看能不能承受得起奶奶揪的力道！每次在奶奶揪完我之后，我都会号啕大哭，然后奶奶又会来安慰我，因为我是她唯一的孙子。因为小时候家里穷，没有多余的钱给我买糖果吃，每次奶奶都会说："你莫哭了，等哈（等一会）吃饭了，我给你吃好吃的。"结果，她所谓的"好吃的"就是豆腐乳。刚开始我对豆腐乳是拒绝的，在奶奶的说服下，我开始尝试起来，用筷子蘸了一点放到嘴里品尝，感觉没有什么味道，就是有点咸。奶奶很淡定，仿佛一切都在她的意料之中。她慢悠悠地说道："你光吃豆腐乳是不会觉得好吃的，你要把饭和豆腐乳混合在一起吃才行，这是帮助你下饭吃的，不是喊你吃起要的。"我将信将疑地按照奶奶说的做，把豆腐乳和米饭混合在一起，刚开始没有感觉，随着不断地咀嚼，米饭的香甜味和豆腐乳的咸辣味混合在一起，这种感觉直接征服了我的味蕾，突然觉得真的特别好吃。奶奶又建议我把豆腐乳的汤汁浇在米饭上一起吃，这样吃真是越吃越香，后来我每天都可以多吃几碗饭。虽然每次在犯错误被"毒打"一顿后都知道奶奶说的"好吃的"是什么，但是我还是期待餐桌上的惊喜。

随着年龄的增长，我没有以前调皮了，豆腐乳也是天天能吃到。我很好奇奶奶是怎么会做豆腐乳的？她并没有过读书，也不识字，这些生活中的技能是怎么学会的？而且我始终觉得奶奶做的豆腐乳和外面其他人做的是不同的？这些问题都困惑着我。我也一直没有机会问奶奶这些事情，因为农村的生活是日出而作日落而息，少有时间能坐下来慢慢闲聊。后来奶奶病倒了，我的父母都远在他乡打工，为了不让他们分心，奶奶不愿意把这个消息告诉他们。当时正值春耕，是农村最忙的时候，爷爷抽不了身来照顾奶奶，所以陪奶奶的担子就落到了我的身上。

看着病床上的奶奶，我落泪了。她满脸的皱纹和满头的白发是对两代人的付出，现在是时候为奶奶做点力所能及的事了，那就让我陪陪奶奶，和她说说话。现在我正好有时间向奶奶问问我心里的困惑。不过我问完后，就后悔问了这样的问题，因为奶奶落泪了。即使是在家里最困难的时候，奶奶也不曾落过一滴泪，她在人前总是乐呵呵的。后来从奶奶嘴里了解到：奶奶小时候家里穷，家中有兄弟姐妹四人，有一个哥哥、一个弟弟和一个妹妹。奶奶作为家里的长女必须承担重任，奶奶刚开始也是什么都不会，慢慢地在生活的磨炼中，边做边学，学会了她妈妈做豆腐乳的技术。

奶奶告诉我，谁也不是随便就能做好一件事，其实做豆腐乳这件事就像做

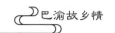

人一样，马虎不得，讲究认真二字，从原材料到制作的过程都不能偷懒，不然味道就不正了。我问她："奶奶，这个过程难吗？可以批量生产吗？"奶奶却说："你这个傻孩子，过程倒是不难，但是烦琐，而且我做豆腐乳是给自己家人吃的，又不是做生意。若是量产就没得那个味道了，你莫慌，听我给你慢慢讲制作豆腐乳的过程嘛！"

首先，要做前期准备工作。我们要选择制作豆腐乳的季节，一般都是选择冬、春两季，因为这个时候的气温最适合做豆腐乳。然后选一个篮子用来盛放豆腐，再用干燥的稻草平铺在篮子里，一来是保护豆腐不被弄脏，二来是有稻草的香味，可以和豆腐的味道混合在一起，最后用艾叶盖住豆腐。为什么要用艾叶？用其他的不行吗？其实用其他的也可以，只是没有艾叶的效果好，艾叶一是有驱赶苍蝇蚊虫的效果，二是天然无污染，所以选择用艾叶。

然后，是制作豆腐的过程。奶奶说以前家里穷，都把好的豆子留下当种，所以用来制作豆腐乳的豆子都是用差点的。不像现在豆子的产量高，好豆子数量多，可以选择好豆子来制作豆腐。现在用机器制作，更加方便高效。以前是自己慢慢推磨子，慢慢放豆子，慢慢磨，又累人，时间也耽搁了，所以很少制作豆腐吃。把制作好的豆浆放在锅里慢慢煮，要控制火候，火不能大也不能小，用中火慢慢煮。等到锅中的豆浆煮到一定程度时就放碱粉，要根据情况把握好碱粉的量，如果放少了或者放多了，豆腐就会太嫩或者太老，就不适合做豆腐乳了。最后把豆腐中的水分压干，这样我们的主体材料就告一段落！豆子浑身都是宝，剩下的豆腐渣可以揉成团用来烙着吃。

最后，是腌制豆腐乳的过程。等到第二天，就可以把豆腐切成小方块放在之前准备好的篮子中，用艾叶盖住豆腐，把篮子放在一个通风阴凉的地方，等到豆腐发霉长毛后的十天到十五天就可以进行腌制。奶奶是个讲究的人，非常爱干净，她虽然干农活，身上穿的衣服上经常会有很多土，但是回家之后都会把脏衣服洗得干干净净。用她的话来说："虽然没钱买好看的新衣服，但起码干净。"所以她在准备腌制的配料时格外用心，把生姜洗了又洗，还有晒干的橘子皮，也是奶奶精心挑选的。用以前老坛子里的豆腐汁泡新做的豆腐，用奶奶的话来说这样才是正宗的。把配料和豆腐一起放进坛子腌十几天，坛子口周围灌满水，防止坛子里的豆腐和空气接触。

　　这就是奶奶制作豆腐乳的全部过程，制作过程不是很难，不过，我还是没有制作成功。

　　奶奶在一年后离开了我们，这是我不愿意提及的痛。奶奶虽然走了，但是奶奶的味道还留在我们舌尖。每次吃豆腐乳，我都会想起奶奶，想起那个天天在我耳边唠叨的老人，现在想听唠叨都没有机会了。奶奶曾说过："忠县豆腐乳在全国有名。"后来，我离开家乡时都要带一罐豆腐乳在身边，觉得这样才有家的感觉，觉得这样才离家不远！

　　现在的我上大学了，奶奶也走了四年多了，我吃的也是外面购买的豆腐乳了。甚至有时候我觉得吃不吃豆腐乳都无所谓了，因为再好吃的豆腐乳都没有奶奶做的味道了，不是奶奶做的"好吃的"东西了。

　　奶奶，孙儿想您了！

奉节神仙果

美丽的邂逅

前两天课比较少，课后跟同学一起到学校附近的超市溜达，无意中听到了一句"这个脐橙不知道酸不酸"。对于离家两载的我来说，在听到"脐橙"的一刹那，我兴奋了。推了推我的近视眼镜，使劲看了几眼那个熟悉的名字——奉节脐橙，对！就是我从小吃到大的奉节脐橙，家乡的特产，老家本地话称作"广柑儿"，书面语则称其为"脐橙"。

在重庆市奉节县，有一个美丽的村庄名曰"太阳湾"，那里多山地，站在最高的一座山峰绝对可以感受到杜甫的"会当凌绝顶，一览众山小"。山里的气候适宜脐橙的生长，这里出产的脐橙不仅水分充足，味道更是鲜美，深受当地老百姓的喜爱。所以人们也非常喜爱种植脐橙，慢慢地，越种越多，后来种植面积达到了各家农作物总种植面积的三分之二以上，也基本成了各户的主要经济来源。

十几年前，太阳湾有个大坝坝，那里有一块很大很大的石板，旁边矗立着一棵魁梧的槐树，为我们遮风挡雨，是我小时候的游乐场。那里还有一个爱讲故事的黄家祖祖（当地人对老太太的一种称呼），有一天，在槐树下，黄家祖祖一边讲故事一边随手从塑料袋子里掏出几个血脐橙，她说："娃儿们，别看这血脐橙是红色的，但它水分多着呢，甜得很，来来，尝哈不嘛？"小伙伴们都不约而同地摇了头，又往后退了几步。黄家祖祖看出了我们的小心思，随即用她布满皱纹的双手剥开了一个血脐橙，然后一口气就吃掉了。她一边吃一边对我们说血脐橙的味道鲜美，暗示我们不吃要后悔，可把我们眼热了一阵。有个孩子实在忍不住了，立马拿了一个剥皮，第一口吃得小心翼翼，第二口就开始狼吞虎咽了，吃第三口时开始用余光观察周围还有没有不想吃的。他的视线落在我的血脐橙上，我忐忑不安地收起拿着血脐橙的手来，然后慢慢地剥，去掉它里面的那件白衣……从那以后我不再抗拒吃血脐橙，也不觉得它看着惊悚、难以下口了，我很快喜欢上了它。

太阳湾民风淳朴，交通便利，湾内有许多农家乐。每年秋季，脐橙陆续成熟后都会引来许许多多游玩、垂钓以及收脐橙的人。那种热闹的场面，在城里是很难见到的。那场面也伴随了我的成长，成了挥之不去的记忆。

到了脐橙收获的季节，当地百姓家里都是全家总动员，年迈的爷爷奶奶在家做饭，小孩子们也参与劳动，帮着父母将脐橙从树上摘下来，父母再把脐橙挑到大路上，等商贩买走。遇到大丰收，邻居们会互相帮助，你帮我，我帮你。那一条窄窄的小道上不光记载着父母在日常对脐橙树的呵护，还记载着他们辛勤劳作时流下的汗水。我想这就是一分耕耘，一分收获。

天上掉下神仙果

槐树下，日落时分，黄家祖祖给我们讲了一个关于奉节脐橙的美丽传说。

很久很久以前，我们这个地方还是一片茫茫洪水、一望无际的边缘地带，向西望去则是一片浩瀚无际的叫作"云梦泽"的汪洋大海。清风拂过，波光粼粼，仿若一面镜子；狂风肆虐，巨浪滔天，像山城重庆的老火锅煮沸时一般翻腾不息。

许多年过去了，一天，这个世界发生了一件惊天动地的事情，一个后来被叫作"孙悟空"的石猴出世了。他神通广大，能够上天入地，玉帝知晓他的能力后便请他去天庭做官。

有一天，王母娘娘举办蟠桃会，没邀请他。当孙悟空知晓王母娘娘的蟠桃会竟然没有邀请他这个"齐天大圣"时，他一气之下大闹了天宫，还把好多好多的水果美酒打包带走，说是要带回花果山让小猴子们品尝品尝。走到南天门，收回云头，孙悟空只觉口干舌燥，便将那装满美食玩意儿的杂货口袋扯了出来，胡乱地倒腾起来，本就毛手毛脚的猢狲，再加上蟠桃会上的"自助酒"，他早已辨不清东南西北。一不小心，好些瓜果掉落了下来。一个当时不知叫什么的果子就掉在了我们这儿的赤甲山下、草堂河畔。

冬去春来，这个果子在这肥沃的土地上生了根、发了芽，尽情地吸收着日

月精华。就这样日复一日，年复一年，它慢慢地长成了一棵枝繁叶茂的大树。每到秋高气爽之际，碧绿苍翠的树冠衬着远处如火的漫山枫叶，格外美丽！那大树上挂满了黄澄澄的又圆又大的果实，色泽美艳，香飘十里。"好香啊！""好大的个儿啊！""好鲜艳的色彩啊！"引来周围其他枣树、桃树、李树的一片啧啧称赞。"哼，谁让你们不是天上的仙品呢！就该让我风光，我个头大，味道鲜，还要长出数不清的种子来，要让五湖四海都长满我的子孙后代。让全世界的所有人都知道我是天上来的奇珍异果，我就是与众不同！"大树骄傲地说道。

"嗯，嗯，又是哪个黄毛丫头儿在我耳边净说这些不着边际的大话呀？"一阵低沉又苍老的声音夹杂着浓浓的鼻音，从东南方向传来，大家跟随着声音传来的方向放眼望去，除了枝繁叶茂的森林，都没有看见说话的是谁。"你是在炫耀你很大吗，抬起头来，向上看，向上看！对，一直向上看……"大家伙都将脖子伸得宛如长颈鹿的脖子一般，不约而同地伸直了脖子，才听清那个苍老的声音好像是从天上传来的。

"现在看清楚了吗？我可是个无枝无叶，什么都没有的光桃子！"好多年了，大家才发现原来一直认为是座默默无闻的大山，那大山竟然是个如此巨大的仙桃，而且也是来自天上！清晨时分，他最先迎来太阳的朝晖；寒冬，他宁可冻伤自己也要为大家挡住朔风。可大家从没有听到仙桃夸耀过自己。

这个还不知道自己叫什么树的果子，那黄澄澄的脸蛋一下子变得通红，比起眼前这个顶天立地的桃子山来，自己是多么的渺小，多么的孱弱！自己不就像母亲怀里的，一个小小的还没有掐断脐带的婴儿吗。她感到前所未有的羞愧，她痛下决心改掉这个毛病，她要自己一辈子都记住这件事。她想好了，自己就叫"脐"吧，"再也不狂妄自大了，再也不向人吹嘘了！我将永远永远是依偎在'桃子山'妈妈怀抱中的小孩子。"她自言自语道。从此以后啊，"脐"再也没有向任何人吹嘘炫耀了。她在桃子山妈妈的怀抱中，吸吮着妈妈甘甜的乳汁，并将全部的乳汁变成甘甜的果实回报他人。为了给他人提供更多的甜蜜，更多的营养，她的果子里面全是甘甜芬芳、沁人心脾、入口化渣、回味无穷的果肉。慢慢地，整个果子活脱脱就像一个以脐为标志的大肚饮料罐，连一颗种子也找不到了。

后来啊，我们人类发现了她，栽种了她，并给她取了一个名字——脐橙！

那人们是如何栽种脐橙的呢？

脐橙品种繁多，有 72-1、纽荷尔、富本、血脐橙等。逢年过节大家最喜互赠的品种是富本，而我家人最喜欢吃的是纽荷尔。这些品种的栽种方式都差不多。

第一是品种的选择。要因地制宜地选择品种进行栽种。

第二是嫁接。嫁接环节是比较重要的，脐橙苗木繁育通常是以红橘或香橙等做砧木，从无检疫性病虫害的母株上采集嫁接繁殖。

第三是定植。2 月下旬至 3 月底为春季脐橙的最佳定植时间，而秋季的最佳定植时间则是 9 月至 10 月中旬，每公顷定植株数小于等于 750 株。

第四是管理，包括施肥、中耕除草以及修枝等。脐橙主要是人工除草和使用农家肥料。当地百姓一般在行间先开沟，然后将肥料倒入沟内，再用原土将肥料覆盖。当地还有顺口溜讲："春夏浅施，秋冬适当深施；土干水施，土湿干施。"收获脐橙后都会对树枝进行修剪，剪掉老枝、病枝、虫枝等。使树体通风透光，增大光合作用，提高坐果率。

此外，在我老家的脐橙园，如果不发生大的病虫害，都不打农药。即便是有虫害或者其他常见病害，当地的百姓都有一套古老的物理方法去治理。

脐橙的"三头六臂"

家乡的脐橙不光色泽光鲜，味道鲜美，而且营养丰富。它富含水分、糖类、有机酸、氨基酸、蛋白质、维生素等，对提高人体免疫力、美容、保健等具有重要作用。

脐橙果实中的糖类物质通常以可溶性糖为主，主要包括蔗糖、果糖和葡萄糖。多数脐橙品种属于蔗糖积累型，而果实中可溶性糖以蔗糖含量最高，其次是果糖和葡萄糖。可溶性糖在柑橘果实的果皮、果肉和果汁等部位均有分布。

脐橙果实中含有 Ca、P、S、K、Na、Cl、Mg 7 种常量元素和 Fe、Zn、B、Mo、Mn、Cu、Ni、Si 8 种微量元素。其中，富本脐橙果实中的 Ca、Mg、Fe、Mn、K、P、Ni 含量较丰富，血脐橙果实中的 Cu、Mn、Fe、Zn、Ni 含量较高。而且其果实的各个部位均有矿质元素的分布，只是不同部位的矿质元素的种类

和含量有所不同。

脐橙果实中含有丰富的维生素，其中维生素 A 和维生素 C 的含量较高。维生素在果实的果皮、果肉、果汁和种子等部位均有分布，不同维生素在果实中存在的位置略有不同。如维生素 A、维生素 C 在果皮中的含量比在果肉中的含量高，而维生素 E 主要存在于果皮和种子中。

脐橙果实中主要有 7 种人体必需氨基酸，如异亮氨酸、亮氨酸、赖氨酸、苯丙氨酸、苏氨酸、缬氨酸，另有 10 多种非必需氨基酸，如精氨酸、谷氨酸、胱氨酸、组氨酸、酪氨酸、丙氨酸、天冬氨酸、脯氨酸、甘氨酸、丝氨酸等，另外还含有丰富的非蛋白氨基酸。

脐橙是一种低脂肪的食物，除了种子外其余部位脂肪含量非常低。同时还含有纤维素、半纤维素、木质素、原果胶和水溶性果胶等多种膳食纤维。

在我年幼时，村里的人用烤至金黄金黄的脐橙来治疗小感冒，实在吃不好了，再到村里赤脚医生那里去吃点药。记得有一个冬天，感冒如期而至，我也不例外，整天鼻涕连连咳嗽不停。奶奶见状，便在家里生起了火炉，用火钳夹住脐橙不断地在火炉上翻滚，让脐橙皮上的油脂能更快地渗透到果肉里。而且这样烤的脐橙不会煳，也没有烟熏味，并且烤出来的脐橙止咳效果最佳。吃了几次以后，我又能活蹦乱跳地跟小伙伴们玩游戏了。

我们的橙

不忘初心，方得始终。离乡后，能在脐橙的橙影里看到你的身影，在家里，能在你的手里嗅到脐橙的飘香。蓦然回首，往事历历在目，小时候听得最多的就是幼儿园老师讲孔融让梨的故事。遇到脐橙收成不好的时候，除了卖掉的能留在家里享用的脐橙往往所剩无几，所以回家后我们便拿"广柑儿"当梨。我们知晓孔融为何让梨，以及让梨的心境，答案不容置疑是大的甜的让给长辈们吃，自己心里肯定是开心的。我们称之为"晚辈让橙"。

2017 年 2 月 14 日，在上海正大广场举办了一场由重庆市奉节县人民政府主办的"'大美奉节·橙双橙对'——2017 情人节·我要'橙包'你的幸福"的活动。

2017 年 10 月 23 日，在重庆出口食品农产品质量安全示范区产品推介会上，到会的 19 个区县与融鼎通集团达成合作意向，其中，奉节、万州、潼南、忠县 4 个区县与该公司现场签订了战略合作协议，共同推进奉节脐橙、万州古红橘、潼南柠檬、忠县柑橘等优质农产品出口俄罗斯、加拿大、东南亚等国家和地区。奉节是蜚声海外的世界橙乡，我们把奉节脐橙称为"走出国门的橙"。

　　是的，家乡的山山水水与瓜果都是我们远赴他乡的游子的骄傲，在另一个地方看到家乡的脐橙，顿生故乡情。

　　这是舌尖上的橙，心坎儿里的情。你们呢？想到了家乡的什么特产呢？

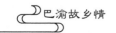

巴山深处的白精灵

2017 年乘坐着时间的高铁飞走了，又到了回家过春节的时候。我的家乡坐落于四川东北部，大巴山缺口处，那里是青山绿水环绕的一个小县城——通江。唐天宝元年（公年 742 年）改诺水县为通江县，"通江"之名第一次出现。

巴山脚下的故土

通江位于秦岭分界处的大巴山南麓，米仓山东部。独特的自然环境赋予了它独有的魅力和风光，喀斯特地貌形成了全国洞穴最集中的溶洞群。绚丽的溶洞中，诺水河缓缓流淌着，默默地雕刻着山水。然而大自然的馈赠不只如此，它还以一种镂空的手法雕刻了空山天盆、地下奇城、龙湖洞、临江丽峡等令人惊叹的奇观。其中临江峡谷更是美不胜收。临江峡谷的美在水，谷底一汪汪潭水仿佛装饰在王冠上的宝石，晶莹剔透；临江峡谷的美在瀑，崎岖的地形形成了大大小小许多瀑布，有的如佛前念珠，有的如美女秀发；临江峡谷的美在林，"林壑尤美，望之蔚然而深秀者"应是临江峡谷。但美丽的临江峡谷不是通江最美的名片。

这片钟灵毓秀的土地，在战火纷飞的年代养育了一群热血的儿女，川陕省苏维埃政府就曾在这里驻扎。1932 年冬，红四方面军解放通江城，总指挥部就设在文庙，总政治部设在学宫。1934 年 11 月，红四方面军在毛浴镇召开会议，制定了"智勇坚定，排难创新，团结奋斗，不胜不休"的红军精神，其精神一直延续到今天。红军最早刻的"争取苏维埃中国"、最大的"平均土地"、最著名的"赤化全川"等标语，现在依旧在崖壁上，让人一眼就能看见那段艰难曲折的革命历程。

通江素有"一府三乡"之美称，即川陕苏区首府、红军之乡、溶洞之乡、银耳之乡。如今的通江就有一张绿色的名片——银耳。如果云有故乡，那一定是在通江，在九湾十八包的山水间，一年里有三百多天的早晚都会起雾，温润的雨雾烟岚是孕育银耳得天独厚的气候条件。

"来了，来了，让一让，小心汤洒出来了。"过年了，街道也开始热闹了起来，四处张灯结彩、红红火火。过年这段时间便是办喜事的好日子。在通江的各种宴席上各式各样的菜都不能替代银耳汤的位置。银耳如洁白的花瓣在水中慢慢绽放，将其撕成小块后放入加好水的锅中，再加入适量的冰糖、大枣、枸杞，慢慢用小火熬煮半个小时，一锅美味可口的银耳汤便制成了。银耳汤汤体晶莹、浓稠，放入冰箱冷藏，在炎炎的夏日之中，喝上一杯可以清凉解暑、养颜美容。

仙家珍品的历程

在通江县的西南边，沿着蜿蜒曲折的小通江河一直向上走，到达支流雾露溪，在这烟雾寥寥、青山翠郁的地方便是有名的陈河九湾十八包——通江银耳的发祥地。如果说溶洞是大自然雕刻的艺术品，那么晶莹剔透的银耳便是大自然的孩子——一朵朵生活在巴山深处的白精灵。

银耳又称作白木耳、雪耳等，有"菌中之冠"的美称。一方水土养育一方人。通江银耳生长于奇特的自然环境和气候条件下，用耳农们的话说可以把银耳的起源解释为"天生雾、雾生露、露生耳"。通江银耳在这片土地上散发出晶莹剔透的光芒，在雾露溪畔九湾十八包的独特环境中绽放。通江银耳是天地灵气所化育，日月精华之结晶。除了独特的环境，通江银耳的栽培条件也十分苛刻，要求用青冈木做载体，而且讲究"座七砍八"。所谓"座七砍八"就是要选择青冈木生长期已满七年于第八年砍来种耳。如此一来通江银耳才会外形美、色泽好，有玉石感，易于炖化，其营养及药用价值弥足珍贵。

通江银耳发轫于盛唐，食于宋元，入药于明清，是清廷御膳之珍馐。但是关于银耳的传说故事，不只这寥寥几个字。

相传在很久以前，在四川的一座深山密林里，居住着一户人家，家中父女两人靠上山采药材为生。女儿生得十分美丽，名唤银春，并且非常勤劳勇敢。一天上山采药，银春被正在山中狩猎的寨主发现。寨主见色起意，强行把她掳走。性格坚贞的银春宁死不从，一直在寻找时机逃走，待到洞房之夜时，银春趁寨主醉酒神志不清，提剑刺杀寨主，却没有成功。后来，银春在寨中家奴的帮助下逃出山寨。然而寨主派兵追捕银春到悬崖峭壁的绝路，银春迫于无奈跳下了悬崖。就在此时，悬崖边突然出现一位"白衣仙女"，她将手中的拂尘一挥，银春随即飘飘而上。银春飘到一棵枯萎的青冈树上站住了脚。寨主看到此情况十分诧异，便取箭射向银春，箭矢划过银春的耳朵。忽然银春不见了，只见箭矢留在树枝上，鲜血顺着箭矢滴落在树上。在第二年春暖花开之时，就在这棵枯树上长出了一朵朵雪白、晶莹剔透的银花。乡亲们认为这洁白的银花是银春的化身，因为是她的耳朵受伤后化为了朵朵银花，故取名为银耳。

银耳在封建社会里因它丰富的营养被皇家贵族视为"长生不老药"。据传，明朝的嘉靖皇帝即明世宗朱厚熜，为了长久统治天下，沉迷于炼丹，并派人到处寻求"长生不老的丹药"。由于"丹药"通常是用一些矿石或经火炼成的草木粉末，人服后会终日心情烦躁，火气旺盛，彻夜不眠，嘉靖皇帝食用"丹药"后性格变得暴躁。嘉靖皇帝下令重金悬赏名医，寻找多日，一位来自蜀地的名医进宫为其治病。后来，宫中的大夫才得知银耳可治此症。嘉靖皇帝在服了银耳汤之后感到心情安定，很快便入睡了。梦中嘉靖看到朵朵银花从天上翩翩落下，这才抬头看见有一个坐在云上的白衣仙子正在不停地撒着银花。第二天，嘉靖起床后觉得自己神清气爽，深感此物乃属"仙家珍品"，便下令宫中应必备银耳，从此银耳便列入了皇家贡品。

据古书记载，在清朝慈禧掌权时，慈禧十分注重身体的保养。尤其慈禧年老时，"肌肤白嫩光滑如同少女一般，细腻光润，嫣然一笑，姿态横生，令人自然欣悦"。年老时依旧有如婴儿一般的肌肤，那她到底是怎么做到的呢？据说，在清晨鸡鸣时便有清秀的宫女端着一碗汤羹，疾步从御膳房走出，而这份汤羹就是慈禧太后每天众多烦琐保养事项中的第一件事——起床必喝一碗银耳汤。给慈禧开药膳的御医更是在一本书中看到："白耳有麦冬之润而无其寒，有玉竹之甘而无其腻，诚润肺滋阴之要品，为人参、鹿茸、燕窝所不及。"在清宫侍女德龄著的《御香缥缈录》中论通江银耳说，银耳那样东西，它的市价是贵极了，往往一小匣的银耳，要花一二十两银子才买得到。它润肺滋阴的功效远高于燕窝。而现在燕窝的市场价远高于银耳的原因，是因为现在的银耳种植技术已经提高，产量更多了，所以价格相对便宜。银耳从皇家贡品走向了大众，所以在四川有"外行吃燕窝，内行吃银耳"之说。

从当地一些老人的口中得知关于通江银耳被发现的故事，还与太平天国运动有着密切关系。相传，在清朝道光年间，太平天国首领洪秀全在广西桂平县金田村起事后，太平天国翼王石达开率领了近十万精锐之师进入四川，陈河雾露溪的农民高举义旗与其响应。通江县清廷官员姜凤仪派兵镇压他们。官兵将农民起义队伍围困在香炉山，并企图把没有粮食支援的他们困死在"九湾十八包"。起义军被迫退进山里后，马上就地取材砍伐青冈树的树枝、树干做了路障，阻挡官兵进攻。数月后，在温润气候中的青冈棒上开满朵朵银花，但是谁都不知道这些银花有没有致命的危险，谁也不敢食用。在官兵的围困下，没有粮食的起义军实在忍受不了饥饿，抱着必死的心吃下银花。结果他们不但没被毒死，反而个个身强力壮，连打胜仗。起义军击退官兵后，还采摘了青冈树上的银耳。从那时起，便有更多的人知道了银耳的食用价值，并开始尝试种植。

浑身是宝，名声大噪

银耳是来自巴山深处的白精灵。大自然的孕育不光赋予了银耳美丽的外表，还赋予银耳丰富的营养。银耳的功效非常多，它还是一味中药材，适量地服用它能提高肝脏的解毒能力，保护肝脏功能，与此同时它还可以滋补生津，润肺养胃，补肺益气。20世纪70年代末，我国医学家和营养家进一步对通江银耳做了研究，研究表明通江银耳实体中含有丰富的维生素B、蛋白质及人体所需的铁、磷、钙、镁等微量元素。

同样银耳也是一味滋补良药。它的特点是滋润而不腻滞，具有补脾开胃、益气清肠、安眠健胃、养阴清热、润燥的功效。对于阴虚火旺、不受参茸等温热滋补的病人来说，银耳是一个最佳的选择。银耳富有天然特性胶质，加上它的滋阴作用，长期服用可以润肤。银耳是含有膳食纤维的减肥食品，它的膳食纤维可助胃肠蠕动，减少脂肪吸收。

银耳在栽种工艺上分为代料银耳和段木银耳。代料就是用棉籽壳、废弃的木屑、石灰粉、营养液及其他不明物混合在一起，装在塑料袋里，将人工提取的银耳菌种点装进聚乙烯袋中，放置在生产银耳的室内工厂，人工控温控湿，为了防虫会喷洒适量农药。不久银耳就会大朵大朵密密匝匝地长出来，30天就可以收割了。代料银耳是工厂化培育，所以朵形完整且很大朵、大小统一、耳片偏厚有褶皱较紧密、耳根大，干银耳较绵软不刺手。

段木银耳的栽种方式接近于野生，所以朵形更小且大小不一、耳片略薄但有光泽，呈松散状、耳根小，干银耳有扎手的硬度。通江银耳为段木银耳。通江栽培银耳的段木为野生粗皮青冈，学名栓皮栎。青冈树是银耳的自然寄生树。因为通江独特的地理自然环境，这里生长的栓皮栎生命力旺盛、再生能力强，边材发达心材小，木质坚硬，树皮疏松，具有其他地区生长的青冈树不可比拟的优势，更易生长出优质银耳。

树龄七八年的青冈木，正是一棵树生命最旺盛的时光，银耳就在这样的温床上慢慢苏醒。其营养完全来自青冈木本身，这是真正无污染、营养价值高的银耳。这样的银耳，朵大肉厚，易于炖化。新鲜银耳，通体散发着幽幽的清香，只需烹煮十分钟左右即可软糯。每年的2月上旬至3月中旬，通江陈河乡的农民便开始在青冈树上培植银耳。他们将砍下的青冈树，锯成60厘米至80厘米的木段，破皮钻孔，置入银耳菌丝，然后放在原生地的山林之间，让其在适宜银耳生长的自然环境中，自然生长。当然现在的耳农更多的是将段木锯成一米左右的木段，钻木接种，在麻堆发汗，在见耳时搬进人工筑成的耳堂内，控制温度，让其自然生长。这种段木银耳的栽培法种出的银耳，跟野生银耳并无多少区别。

通江有洁净的水源和丰富的青冈林，一朵好的银耳，是时间的奇迹。它不仅是大山与风雨云露的馈赠，更是每个日夜里时光的结晶。银耳作为一种名品佳肴，有着滋阴补阳的功效，更是祖国中药宝库中一种久负盛名的药材。因此，古代皇家贵族将银耳看作是"延年益寿之品""长生不老之良药"。

目前在通江这个银耳之乡，随着经济的发展，人们也越来越重视养生。银耳带来的经济效益也越来越多。1995年通江县被国家特产之乡宣传暨命名活动组委会命名为"中国银耳之乡"，2001年通江县银耳生产基地获四川省无公害农产品生产基地认证，2002年"通江银耳"证明商标得到注册使用，2003年"雪花牌"通江银耳获得国家A级绿色食品标识使用权，2004年通江银耳被录入国家原产地域产品保护名录，2005年通江银耳被中国食用菌协会评为"知名品牌"，在第二届中国西部国际农业博览会上被评为金奖，2011年通江银耳菌种搭乘"神舟八号"飞船进入太空进行育种试验。

随着时间流逝，陈河耳农们一代一代地传承，以及近现代银耳大规模的种植，使得银耳已经成为通江文化的一部分。现如今通江最美的名片是银耳，最大的资源优势是绿色生态，最具潜力的产业是旅游。通江银耳最开始药用于明清时期，是清廷御膳之珍馐，银耳在我国的国宴上也颇受青睐。地近天府腹地的通江，其地理位置堪称得天独厚，进入银耳产区如临仙境，景象十分迷人。古碑文中称："异哉，天之厚待斯土亦至于此乎！远而望之如天之泻银，近而观之间若雨金焉。究其滋长，实地灵之所钟欤！"

在陈河古街上，走进通江过去的商贸史中，陈河用银耳打开了通江贸易流通的起点，跨过通江特色的寨门，穿越民国时期的陈河古街，体验"繁华小上海"的韵味。街区两旁商铺密布，走几步就能看到一家关于银耳的商品，如干银耳、银耳汤等。不长的街道浓缩了民国时期陈河商埠繁华的景象。踏过青石板街道，走出陈河古街，沿着通江河流跟随经营通江银耳的商人来到繁华的大都市，感受通江人将通江银耳带出陈河、带出通江、带出四川、带出国门的商贸之道。

山水风光篇

　　故乡的山绿、故乡的水清，他乡的山也绿、他乡的水也清，但是他乡难锁游子一寸心。离开故土的游子，默默地将对故乡的爱收藏在心底。在异乡求学，心里异常孤独，对着城市的车水马龙和钢筋混凝土，对着那些难以与之说心里话的人，心中充满惆怅。在寂寞的时候，对着浩渺星空，想起了故乡的袅袅炊烟，想起了故乡的"宵灯"更映"字水"和古老城墙。感觉恍惚间在星空下泡着故乡的温泉，空气里还飘着故乡的蜡梅香，梦里驾着故乡的仙鹤越过长龙山去畅游那辽阔的草原。不过，那只是梦。只好以相逢为笺，思念为笔，书清风，也书明月，只将这一份温情，遥寄那料峭的故乡。

字水宵灯

众里寻他千百度，蓦然回首那人却在灯火阑珊处。灯火阑珊是最浪漫最能引人浮想的美景，在中国，有一座美丽的山城，它如同一颗璀璨的明珠镶嵌在我国的西南方，让人心之向往。那就是，重庆！山城夜景素来是重庆的一大特色，与火锅并称为重庆名片，自古雅号"字水宵灯"。

字水宵灯，是指夜晚万家灯火，与江面波光相辉映，形成水天一色的美景。据旧志记载："重庆城凿岩为城，沿江为池……每夜万家灯火齐明，层见叠出，高下各不相掩，光灼灼然，俯射江波，与星月交璨……"

字水宵灯，是由重庆特有的地形地貌所形成。重庆主城"渝中区"，是以前巴国首府，被长江与嘉陵江所环绕，并在朝天门处相汇，江水曲折，如一"巴"字，浩浩荡荡向东流去，故称"字水"。你看，那夜幕降临，天上的繁星点点，地上却也是灯火明明，江水映着灯影在水中生出旖旎的颜色，星辉和灯影交融，故谓"宵灯"。

何处无灯火？上海夜景以绚丽精致闻名，身处其间你能时时刻刻地感受到这座城市的繁华耀眼；日本神户的夜景以辽阔平坦带给人震撼。那为何重庆的夜景让人过目不忘，让人初见惊艳，再见倾心呢？我想，这是源于重庆独特的地形条件，重庆是座山城，顾名思义山地的地形崎岖，在山地间高低之分亦是常态，所以修建的房屋错落有致，再加上嘉陵江与长江在此交汇，使得湖光山色间更多了一丝别致雅趣。每当夜色降临，万家灯火高低辉映，似粒粒明珠散落人间，江中百舸争流，流光溢彩，桥面万紫千红，宛如游龙，似不夜之天，因此有"不览夜景，未到重庆"之说。

洪崖洞是近几年重庆大热的景点，一度成为"网红打卡点"。我常常对我的外地朋友说，想要充分感受重庆的热情就要在一个盛夏的夜晚到洪崖洞。洪崖洞毗邻解放碑商圈，保留着老式的木结构建筑，层层叠叠，背靠悬崖面朝大江，吊脚楼的建筑本就颇具特色，更为独具匠心的设计是在房顶檐角装饰灯光，并在开阔处坠以红彤彤的大灯笼使得洪崖洞金碧辉煌、热情洋溢。洪崖洞本就身处闹市，四通八达的地理位置使之更是"闹中取闹"。华灯初上，吃饱喝足的游人们也渐渐从解放碑商圈到洪崖洞这里聚集起来了。洪崖洞口排起了长长的队，人头攒动，摩肩接踵，大汗淋漓，这还不算什么。一旁的马路上更是堆满了汽车，脾气火暴的重庆司机争相按着喇叭，给原本就热闹的洪崖洞又添了一把"火"。诸如此类层层叠加形成了"来自重庆的热情"。重庆的热情，在洋溢着极致绚丽的同时又带着人情味，使得人们对这个地方流连忘返。

五彩的霓虹照耀在悠悠的嘉陵江江水上，影子也在江面轻轻地晃着，抬头往前方望去，那一条笔直的大桥就是千厮门嘉陵江大桥了。这是作为桥都的重庆最年轻最有生命力的一座大桥了，它连接着渝中区和江北区，并在渝中半岛通过连接隧道与东水门长江大桥北岸桥台相接。

从洪崖洞向远望去，可以看到对岸的是极其紧密的建筑，沿江而建，拔地而起。在夜晚降临的时候，绚丽的灯光工程为江北嘴江滩公园披上了亮丽的外衣。重庆大剧院散发出五彩的光芒，它是镶嵌在两江交汇处最迷人的宝石。

当五光十色的霓虹被揉碎了温柔地撒在江面上，当滨江水岸慵懒的音乐声响起，夜已深了，游人走了一波又一波。只要灯火不息，那么热闹将会一直持续。熙熙攘攘的人声，游船上的欢歌不断，我隐约有那么一瞬处于一种放空状态，我捂住耳朵，用眼睛去感受这个世界。我看到路边的老奶奶手上拿着那种透明的气球，气球外面是用彩灯缠住的，看上去特别梦幻，引人遐想。那气球像是一个易碎的肥皂泡在光影里变换着颜色。

洪崖洞特别适合孤独患者，灯光不灭，人流不息，你会觉得你一直处在鲜活里，一直热情洋溢，像极了这座城市。

"一个人的记忆就是座城市，时间腐蚀着一切建筑，把高楼和道路全部沙化。如果你不往前走，就会被沙子掩埋。所以我们泪流满面，步步回头，可是只能往前走。"这是张嘉佳在小说《从你的全世界路过》中写的一段话。我永远也不会忘记那场深夜电影，看书和看电影所带来的感受是完全不同的，看书如同悠悠的花香沁人心脾，而看电影带来的是最直接最强悍的冲击力。我深刻

地记得重庆的洪崖洞也是作为电影《从你的全世界路过》的取景地之一，燕子和猪头在这里分手，燕子决绝地走了头也不回，猪头一路隐忍最后跑着跑着泣不成声。在这座热闹非凡的吊脚楼下，猪头的影子越来越小，显得愈发落寞。恋爱中一个人在跑，一个人在走，就像是猪头再怎么拼尽了全身力气，也是追不上四个轮的车的。虽然电影里他们悲剧收场，现实却因为情怀为洪崖洞带来了不小的收益，让洪崖洞成为了"网红打卡地"。一个地方一旦被赋予某种感情，也便多了一丝人间烟火，多了一点人情味儿。

所谓字水霄灯，看的不只是旖旎的景色，看的是这座两江交汇、山地构建的城市所流露出的特点——浓重的烟火气息。若是没有了烟火气息，没有了高温，没有在市井中听到的地道言子，没有麻辣飘香的美食，重庆也就失去了灵性。你再看这一城夜景时，又会觉得少了些什么，再完美的景致也会少了生趣。

远远的街灯明了，好像闪着无数的明星。天上的明星现了，好像点着无数的街灯。我和朋友一行人走在千厮门嘉陵江大桥上回首望去，远处的洪崖洞越来越小，也越来越精致。一位朋友说："好美啊，此景只应天上有。"我抓着她的手指向了对岸，说："嗯，你看那万家灯火明！"指尖对准的地方正是重庆环球金融中心，荧屏上显示出四个大字"你好，重庆"！

清人王尔鉴诗云："高下渝州屋，参差傍石城。谁将万家炬，倒射一江明。浪卷光难掩，云流影自清。领看无尽意，天水共晶莹。""宵灯"更映"字水"，风流占尽天下。

听墙

那些在过往的喧嚣也许并没有被时光巨大的齿轮所吞没，反而他们以另一种方式被静静地珍藏，不为惊艳众生，只为觅得有缘人的倾听。

听墙？也许你会怀疑你的眼睛。眼见的不就是全部的事物了吗？那又何来听这一说呢？事实上我们所知古今中外那些著名的墙还真就有那么回事。圣城耶路撒冷有一壁破落的白墙——哭墙，据说罗马人占领耶路撒冷后，犹太人常聚在这里哭泣。此后千百年中，常有各地犹太人来此号哭，以寄托其故国之思。如今每到犹太教安息日，尚有人到哭墙去表示哀悼，进行祈祷。中国的山川大地有一座绵延万里的长城，这样一座宏大的工程动用了百万民夫，是用多少鲜血和汗水熔铸的结晶。而今站在巍峨的烽火台上瞭望，在猎猎秋风里仿佛可以听见那孟姜女婉转悲恸呼号。当一座城墙、一个城市、一段历史互相交织、互相缠绕时，城墙是载体，是苍老的发声者，它只是缓缓地诉说着过往。

重庆是生我养我的地方，我沾染着她的气息，流淌着她的血液，散发着她的魅力，传播着她的思想。我想要带大家一起去深入地了解她，感受她的底蕴，知晓她的根源，而不是把目光浅浅地停留在新兴的潮流之都的表象上。很多人都说重庆是个很时尚很新潮的新都市，其实那些老事物只是隐于市罢了。重庆湖广会馆紧挨着宽阔笔直的滨江路，曾经迎官接圣的朝天门建成了重庆地标建筑来福士，而那个作为古时候城门的通远门遥望着人流不息的解放碑。一新一旧间体现的是重庆文化的包容与厚重。年轻人追新潮，老年人爱怀旧爱历史，记得小时候爷爷常爱向我念叨一首关于重庆城的歌谣。

重庆歌

朝天门，大码头，迎官接圣。翠微门，挂彩缎，五色鲜明。东水门，有一个四方古，正对着，真武山，鲤鱼跳龙门。

太安门，太平仓，积谷利民。太平门，老鼓楼，时辰报准。人和门，火炮响，总爷出巡。

储奇门，药材帮，医治百病。金紫门，恰对着，镇台衙门。凤凰门，川道拐，牛羊成群。

南纪门，菜篮子，涌出涌进。金汤门，木棺材，大小齐整。通远门，锣鼓响，看埋死人。

定远门，校场坝，舞刀弄棍。临江门，粪码头，肥田有本。洪崖门，广船开，杀鸡敬神。

千厮门，花包子，白雪如银。西水门，溜跑马，快如腾云。

爷爷有一幅早年的重庆城门的图纸，泛黄的纸张透露出岁月的痕迹。爷爷还时常翻出来看看，有时候还花半个下午的时间在那里研究。我想这就是爷爷作为一个老重庆人对"根"的执着。没事的时候，我就在一旁看爷爷研究，顺便在地图上瞎看。顺着地图看，狭长的渝中半岛被这一动一静的两条江环抱，一清一浊恩怨分明像个十足的重庆人。半岛上矗立着城门，环绕渝中半岛近八公里。

中国之旧城，一般筑有城墙，都辟有东、南、西、北四座或更多座城门。重庆有17座城门，9开8闭，古时应"九宫八卦"之象而筑，以示金城汤池之意。其中，有9门是专供力夫挑两江河水入城的水门。另外8门本来也可开放，然而后来重庆城内火灾频生，官府认为乃水门洞开不能制克火星之故，便将这8道门统统封闭。此8门从此有名无实，仅当作摆设。

城门的名字同样蕴含古人智慧，取得讲究，富有内涵。比如南纪门，南纪出自《诗经·小雅·四月》："滔滔江汉，南国之纪。"纪者理律也，总汇也，意在能纪理众川，使其不壅滞溃散。又如千厮门，出自《诗经·小雅·甫田》中的"千斯仓"，意在此门内外有千仓万仓，重庆人永远饿不了肚子。这些关于城门历史的由来给迷雾中的山城增添了另一种神秘。

静默通远门

每段城墙每个城门都有自己的故事，那些关于喜、怒、哀、惧、爱、恶，是重庆人的故事，这些故事串起来便是重庆城的故事。不知是第几次路过第几次擦肩才决定走进你——通远门。

我缓缓登上城墙，被这原始古朴的美所折服了。有些皲裂的墙体长出了小草，城墙挨着大树，藤蔓缠着墙体，沉寂了几百年的孤独的通远门城墙啊，他们是你的第一批倾听者。闭眼，大树在飒飒作响，吹来了千年的风，睁眼凝望的是勇于抵抗外敌的将士塑像，回响的是金戈铁马风起云涌的岁月。

明崇祯十七年是一个多灾多难的一年，愁云笼罩在重庆城的上方，张献忠率部数十万，其数量超过守军十倍，仍无力正面强攻。张献忠绕道江津从菜园坝登陆，夺取浮图关，卡死了明军陆上唯一退路。当时这一段到通远门全是棺山，没有大坡大沟，适合步兵作战，从水陆两路合围重庆，最后的主战场就在通远门。张献忠部队经 6 天激战，炸塌通远门转角城墙，一举攻入重庆。

张献忠令手下兵士大肆杀戮以解心中之恨，重庆民间一直流传着各种版本的关于"杀人不眨眼的恶魔张献忠"的故事。但是，也有传说讲张献忠惧怕神灵，有仁慈的一面。杨柳街的故事就与张献忠的这一面有关。一种说法是一个叫杨孝先的人，他的孝行感动了神仙，于是神仙托梦给张献忠，叫张献忠见到插了杨柳枝的人家不得侵犯。神仙同时托梦给杨孝先，让他折杨柳枝插在门上，就可以避祸。后来众人听说，也纷纷折柳枝插在门前，得以避祸。这条街后来就叫杨柳街，就是如今中华路中间一段。

同样关于张献忠和杨柳街的故事还有另一种说法。张献忠在进重庆城的路上，碰到一个妇人背着一个年龄大一点的孩子，牵着一个年龄小一点的孩子逃难，觉得奇怪，于是问道："你为什么背着大的，小的却牵着走？"这妇人不认识问话人是人见人怕的杀人魔王张献忠，回答道："大的一个是前夫的娃儿，小的一个是自己亲生的，我当后妈，不能让别人说闲话。"张献忠感其心好，决定不杀她，劝她回家。在回家的路上，这妇人见有农民军士兵在井里打水，忙阻止说，这些井里的水都被官府的人放了毒，吃不得。说罢，她领着张献忠一行来到自家院内，指着院墙角一草堆说，那草堆下是一眼水井，没有毒，可以喝。张献忠又一次感动，叫人拿出银子给她。妇人回道："银子我不敢要，要了也没有用，一会张大王到了，我娘三个也活不了。"张献忠听罢，说道："大嫂，你不要怕，你且把银子收下。"说着从路边的柳树上折下一条柳枝，递给妇人，又说道："你把这柳枝插在门上，我保你平安。"张献忠说完就走了。有来不及逃走的人见妇人没逃，就问她为何逃了又返回来，妇人将事情经过全部说了出来。于是众人都折取柳枝插在门上，但仍然担惊受怕不敢出门。后来大家发现，一队队的士兵从这里路过，看到门上插的柳枝，纷纷绕道而行，不敢近前。原来张献忠走后传下号令，说重庆城里门上插柳枝的人家，任何人不得骚扰，违者杀无赦。因此这一条街的百姓得以保命，这条街后来叫杨柳街。直到今天，在重庆的很多区县，都有杨柳街。

　　风无言，昼无声，城墙不说话，它的故事需静觅有缘人。我早就在这偌大的都市中发现了这安静的一隅，我便自觉得我是它的知己了。于是择一良日，约上三五好友，我们便欣然出发了。现在的城墙不完全是老墙，但我们仍然赞叹它矗立千年的固执。城墙顶建造了炮台供游人观赏，我们索性玩了起来，像个战胜将军似的左指挥右固守。在大家的配合下这场怀古之行便多了一份人情味，我突然间觉得通远门老墙需要的不仅是悲伤的缅怀，它更渴望被记住并渴望成为一段新的、美好的历史回忆。这于我们来说的确是的，而于它来说我们就像沧桑古树上偶然间飞来的小鸟带来新的生机。那一刻，通远门上的愁云不再，一切悲惨的往昔，任岁月长风变得风轻云淡。去的那天，我们还遇到一群小学生春游。小朋友安安静静地排队参观，这时，我发现我的衣角有一双小手，他眨巴眨巴眼睛，摇晃着我的衣角问："姐姐，姐姐，你知道通远门发生了什么事吗？"

　　于它而言，也许最好的传承方式是把一个故事讲给另一个人，然后口耳相传，生生不息。

涅槃洪崖门

　　重庆一半是山，一半是水，奇特的地形构造出特别的城门地形。洪崖门靠山而建、傍水而依是重庆所有城门中最具特色的城门之一。现在已经看不到原迹的踪影，其实它曾是一片古战场，一片杀戮之地。

　　洪崖门是闭门，修的有城楼，有门的样子，但实际上没有门，不能进出，纯粹用于军事。洪崖门挨着嘉陵江，能控制好长一段江面。明末曾在洪崖门左面城墙上安有大炮，因而现沧白路过去就叫炮台街。那大炮面对两江汇合处，本是防备张献忠的，哪知张献忠从通远门攻入了重庆城。从临江门到千厮门之间是悬崖，城墙和洪崖门都建在悬崖上。

在洪崖门下面靠右的悬崖下有个洞，这个洞就是洪崖洞。洪崖洞上原来有一条小溪，那小溪发源于城内的大梁子，经大阳沟、会仙桥到洪崖洞，从悬崖上跌下，形成瀑布。在少雨的季节，水就星星点点往下滴，水珠被阳光照得个个如绿珠碧玉，人们便称其为"洪崖滴翠"。"洪崖滴翠"是重庆的一大景观。后来，城里的树木被砍完，人口也增多，那小溪成了污水沟，洪崖就不滴"翠"了，而是一条悬着污水的"瀑布"。再后来，重庆人口猛增，重庆城中心从下半城移到上半城。上半城的污水往洪崖洞流，垃圾也从洪崖洞上往崖下倒，在这儿捡垃圾的人也就成堆，加上洪崖洞里可以避风雨，于是洪崖洞就成了"丐帮"的聚集地。大约是 20 世纪 40 年代，才在那悬崖上开出一条小路来，沟通了城内外。

那洪崖洞两侧的悬崖下建起一排排吊脚楼。那吊脚楼层层叠叠，错落有致，似摇似晃，构成重庆城特有的风景。

以前住洪崖洞的都是穷人，不是搬运工就是"扯船子（纤夫）"。最靠近悬崖的人家，不少都是洗衣人。每天凌晨，那小巷就开始弥漫着热气，充满着肥皂气味和一片洗衣声。白天，从城墙上看下去，那吊脚楼伸出的一根根竹竿上晾满了衣物，在阳光中摇晃，颇为壮观。嘉陵江年年都要发大水，水一涨上来就把纸盐河街淹没，当然也淹了那洪崖洞下的吊脚楼。若涨水严重，那水还会把吊脚楼冲垮卷走。水退了，一条街的人一起努力，冲洗淤泥，然后把搬到坡上的家具搬回家。过不了多久，那被冲垮的吊脚楼又重新修建起来。年年如此。后来，沿江的码头，特别是临江门、千厮门码头逐渐衰落，洪崖洞也逐渐失去往日的热闹。那吊脚楼经历了几十年风雨，成了危房。滨江路的建设，彻底改变了沿江两岸的面貌，洪崖洞的破棚烂房也拆迁了。后来这里建起了颇具重庆特色的饮食休闲街。那一幢幢仿古吊脚楼，依山而建，鳞次栉比，谁见了都会眼睛一亮。

隐世东水门

离洪崖门比较近的是东水门，东水门与湖广会馆相依偎，如今它们的头顶上架起了一座新兴的大桥——东水门长江大桥。东水门城墙和通远门城墙应该

是重庆保存得最完整的两座城墙了。

比起通远门，东水门相对隐蔽，许是被大桥的锋芒所遮挡了，城墙上长着细细的青苔，黄桷树巨大的根系从墙头慢慢爬到了墙根，那是城墙新的生命的延续。我顺着东水门走到了湖广会馆，现在不是旅游季节，我便更能感受那洗尽铅华之后的宁静。

百年前的湖广会馆富商大贾云集，是何等热闹。在这小小馆驿内，南来北往的商人谈论着局势，如这边湖南又大旱了，粮食需求上涨该是卖个好价钱，那边是棉花品质高有大批商家订货，东西南北的思想在这里汇聚、碰撞、交融，在这里每天都有故事上演。闭上眼睛，请你细细地听，细细地品。那些陈列的老物件会说话，它们所告诉你的是一段往昔的峥嵘岁月，是商贾的辉煌。

出了会馆找个附近的茶馆小坐了一会儿，人们的话题总是离不开这湖广会馆、东水门城墙和重庆城，老人们坐在角落摆着龙门阵，咂两口老烟，真是惬意。这个时候你那颗浮躁的心重新归于宁静，脑袋里浮现的句子是：岁月静好年华无伤，玉砌雕阑已不再，它们在斑驳的时光里唱着无声的歌，它们遗失在岁月的变迁和城市的发展中，但它们的骨髓和精髓流淌进了重庆人的骨血里。心中各种情愫涌动，无以言表，只觉唐代崔护的《题都城南庄》最贴切：

> 去年今日此门中，
> 人面桃花相映红。
> 人面不知何处去，
> 桃花依旧笑春风。

城墙是混沌光阴里那段褪色的容颜。

每段城墙每个城门都有自己的故事，而我刚好就想做一个倾听者，在了解了它们的故事时，便有了自己故事。于我而言，它们不只是与我不相干的历史，聆听它们的过程慢慢地也就变成了自己的美好回忆。我想这也是老墙所希望的吧，它不只存在于过去人的心中，也存在于现在人的心中。每段城墙每个城门都有自己的故事，每个人都有自己的记忆，当记忆相交织相缠绕，串起来便是重庆城的故事，当你走近，请你务必细细聆听，那是关于喜、怒、哀、惧、爱、恶，是关于人世间。

魅力南泉

如果，有人问我，我的家乡在哪里？我的家乡好吗？有什么美食呀？有什么好玩的地方呀？那我一定会非常骄傲地告诉他们，我的家乡在重庆市巴南区南泉镇。

重庆，曾为抗战时期陪都，地处中国西南部，东邻湖北、湖南，南靠贵州，西接四川，北连陕西，同时，位于长江和嘉陵江汇合处，空气潮湿，雾也大，成为了全国闻名的"雾都"。重庆山多，房屋便依山而建，也被誉赞为"山城"。重庆，这个生我养我的城市，在这里度过了我的青春年华。即使我现在已经离开家乡，到外地求学，我依然怀念那个熟悉的、带着浓厚家乡气息的地方。

如果来到这里，肯定会令你流连忘返。这里的人热情好客，这里的轻轨穿楼而过，这里的夜景堪比香港维多利亚港，这里的火锅又香又辣，这里的小面又麻又辣，这里的十八梯蜿蜒陡峭，这里的磁器口古色古香……我看过许多的风景，走过许多的城市，吃过许多的美食，但唯独钟爱重庆，思念巴南。

巴南区前身是历史名邑巴县，拥有悠久的历史。巴南还有五布河、花溪河等河流像保护神一样环绕着巴南区，时时刻刻守护着这个舒适美丽的地方。特别是花溪河，它的流域面积约 262 平方公里，最后在光明村汇入了长江。巴南区的矿产资源也非常丰富，发现矿产 20 种，查明矿产资源储量 17 种。巴南经济发达，交通便捷的龙洲湾商圈，里面的商品琳琅满目，看得人眼花缭乱，各种所需要的物品应有尽有。当然，最让巴南与众不同的还是拥有重庆"老五泉"之一称号的暖气袭人、温暖安逸的南温泉。

南温泉位于巴南区南泉镇，处在重庆市主城区南部与东部片区的接合处，坐落于巴南区，距市中心仅 18 公里，交通方便快捷。这简直就巴南人的福利了，闲暇之余可以与家人朋友一起去领略南温泉的自然风光。到了南温泉，你会发现周围高低起伏的山峦紧紧包围着你，让你置身于大自然的怀抱里。这里清澈的溪水蜿蜒而下，清波荡漾，带着大自然独有的芬芳。从地上喷涌而出的地下水形成一道飞泉瀑布从天上飞泻而出，形成蒙蒙烟雾，弥漫于溪谷间，在太阳的照射下，有时还会映出一道道绚烂的彩虹挂在空中，让人不禁想到"飞流直下三千尺，疑是银河落九天"。

南温泉附近的空气都带着一丝独有的温暖与湿润，正因为有这样的空气，才使得富饶肥沃的土地孕育出了长年生机勃勃、郁郁葱葱的植被。松竹苍幽让人不忍去破坏一草一木，只会全身心放松地去投入其中，去感受大自然的独特魅力，忘却所有烦恼。

南温泉是重庆"老五泉"之一，自古代起就是一个达官贵人、社会名流、文人墨客相互交流、留下足迹的地方。相传明代朱元璋的孙子建文帝曾避难隐居于南温泉；孔祥熙还在建文峰下修建官邸，人称"孔公馆"；中国近代政治家、民主革命家林森也尤其喜爱它；郭沫若曾小憩于南温泉，提笔写下"浴罢温汤生趣横，花溪舟楫换人回"的咏赞；著名作家巴金、茅盾也在南温泉留下了足迹。当然，南温泉也是一个商贾云集之地，人们所需的各种吃、穿、用等物品琳琅满目，处处充满了欣欣向荣之感。

现在的南温泉，远离了喧嚣，充满了宁静与幽深。人们在忙碌的学习和工作之后，渴望的就是寻一处安宁之地，可以放松身心、净化心灵。这里不仅可以享受舒适的温泉，还可以攀登建文峰，感受大自然带给我们的无穷魅力。南温泉可以让人们好好地放松和休息。想象一下，在寒冬里，泡在温暖的温泉池里，暖和的水流从身边流过，看着小孩戏水打闹，和家人聊聊收获，谈谈家常，是多么舒适惬意。南温泉在明朝时被发现，在清朝时开始修建。正因为有了先人们一点一滴的辛勤付出与开发，才造就了现在得天独厚、舒适宜人的南温泉，才造福了现在的人们。

寒冬之际的南泉镇，并不像北方那样寒冷干燥，也不像南国那样四季温暖如春，它带有一种湿润的寒意，让人忍不住想要寻一处温暖的地方，逃过这寒冷的季节。在寒冷的冬天人们喜欢待在家中，窝在被窝里，看着电视，玩着手机，别提有多惬意。偶尔站在窗前，看着玻璃上积起的白雾和外面灰蒙蒙的天，会不由自主地感慨道："在家真舒服呀。"或许在家待久了总会觉得烦闷，会渴望看到外面的世界，那么，选择和家人朋友去温暖的地方旅游度假、去跑步爬山等就是最好的选择了。而处在巴南，最让人欢喜安逸的就是和家人去泡温泉啦，毕竟冬日就是泡温泉的好季节。

南温泉带给人们的不仅是视觉盛宴，更是一种极致享受。对于温泉而言，最重要的就是水资源了，毕竟浑浊的水源是无法吸引人们前去游玩的。南温泉则不同，它的温泉水属低矿化水，为硫酸钙镁型，水温常年保持在41℃左右，而且丰富的地下水使得温泉水量充足，供水稳定，使人们可以随时随地地沐浴放松。

当然，温泉水不仅可以使人放松身心，还可以起到疗养的作用。不过一开始古人并不了解温泉的功效，也没有花时间去进行研究探讨。据传人们是看到了一只受伤的小动物在泡过温泉之后奇迹般地康复，又变得活蹦乱跳了。这让人们感到十分神奇，激发了人们的好奇心，才开始认真地研究其功能。他们花了大量的时间去研究，后来发现温泉中含有丰富的矿物质，对人体有益。这些矿物质可以放松肌肉，消除身体疲劳感，还可以扩张血管，加快血液循环，软化角质，加速人体内部的新陈代谢，使人体内部废物排出。而且长期浸泡温泉还可以养生和美容，使人由内而外地焕发出光彩。当然，泡温泉也需要注意不宜长时间浸泡，空腹、饭后及酒后也不要立即泡温泉，有心脏病和高血压等人群也不宜泡温泉。只有把准备工作等细节都做好，才可以尽情地放松自我，才可以在温泉水中安心地玩耍。

泡温泉不只是现代人的专利，古代的人们也依然喜欢用这种方式来避寒放松。我脑海中浮现的是杨贵妃在华清池的"海棠汤"里沐浴的故事。众所周知，杨贵妃深得唐玄宗喜爱。杨贵妃拥有一身令人羡慕的肌肤，也许这与她长期沐浴温泉有很大关系。古代皇室的人们都十分懂得享受生活，唐玄宗在每年冬天都会到华清池避寒沐浴放松身心。身为贵妃的杨玉环，自然也获得了这份宠爱。唐天宝三年，唐玄宗下令扩建华清池，还修建了"海棠汤"专供杨贵妃沐浴。在高中课文白居易所写的《长恨歌》中写道："春寒赐浴华清池，温泉水滑洗凝脂。侍儿扶起娇无力，始是新承恩泽时。"短短几句诗就淋漓尽致地描绘了当时沐浴之后的杨贵妃是如何的娇艳动人，如出水芙蓉般美丽。

人们听到南温泉可能想到的就只有温泉吧，其实不然，南温泉除了可以泡温泉外还有南温泉公园。人们在享受温泉带给自己惬意的同时，还能与家人一起享受大自然的美景，享受大自然带给我们的无限魅力，感受春的气息。想象一下，当我们走在林间小道上，周围是高大的树木直冲云霄，树林透着宁静，耳畔传来鸟叫声，抬头仰望，阳光正透过树叶间的缝隙照射下来，像繁星在星空中闪烁，有些许刺眼，却异常美丽晶莹，透着不可捉摸的静谧，让人多么陶醉与向往。当然，这里还可以了解重庆的红色文化，让身为重庆人的我们更加明白现在的幸福生活多么来之不易，也让我们更加珍惜现在的生活。同时让外地来游玩的游客了解重庆、爱上重庆；让他们在玩耍中增长知识，体会到当年战斗的激烈；让每一位人都能好好珍惜现在，认真踏实地过好每一天。

南温泉公园中最出名的就是建文峰了。建文峰海拔504米，与花溪河相距650米，相对高度223米，与花溪河对岸的另一高峰打鼓坪对望。它的东西两侧，悬崖峭壁，山道崎岖，险峻难攀。但其实建文峰原名叫禹山。1339年，明朝建文帝朱允炆进行政改而触动了藩王的利益，被其叔燕王朱棣起兵发难，朱允炆为了躲避抓捕曾逃难到禹山。此后人们为了纪念建文帝朱允炆，禹山改名为建文峰。在其峰顶还建有数间小庙，内塑有建文帝造像。朱允炆只为寻一处安身之地，远离繁华，可最终只空留"建文遗址"在风中舒展，让人唏嘘不已。

建文峰在解放重庆的战斗中还发挥了巨大作用。建文峰曾是解放重庆的主战场——"南泉之战"遗址，还建有"解放重庆主战场遗址"纪念碑。由于南温泉地势险要，两面山势险峻，重峦叠嶂，而沿花溪河以南的傍山险道是南川直达重庆的必经之路，因此，国民党视南温泉为据守重庆"江南防线"的战略要地。于是我军很快攻占了南川，并扰袭了这条江南防线，随后步步紧逼，但由于敌军控制着建文锋制高点，对我军造成了巨大威胁，于是我军决定采用声东击西的方法成功控制了建文峰制高点。随后敌我两军进行了激烈对战，打得敌军伤亡惨重。最后，我军奉命主动撤出战斗，由江口渡江，汇入主力部队，而敌军连夜仓皇逃走。此次战斗历时约56小时，是解放重庆主城区外围持续时间最长、最激烈的一次战斗。这场战斗给我军造成了大量的人员损失，也正是他们的牺牲换来了后世的安宁，为了铭记先烈，重庆市建立纪念碑来纪念这些烈士英雄，即"解放重庆主战场遗址纪念碑"。

还记得当时和朋友一起去爬建文峰的场景，现在回想起来，不由得感慨万千。我一直以为要见识过庞大，才能意识到渺小。初登建文峰，是在春末夏初时节，刚爬上山腰，便颤抖着双腿挪到一旁的大石上歇息，整个人累得气喘吁吁，一步也不愿再走动，只希望朋友们能发发善心，背我到山顶，我却忘了朋友们也没有那么好的体力。山腰虽不在自己预想的欣赏范围内，但仍是将我吸引到迈不动步子。此时的太阳已经有些大了，热情地发散着自己的光芒，这让我更加走不动了。但太阳的光芒因浓厚的树荫遮挡只能稍稍在石板路上露出几片破碎的光斑，风一吹，头顶便窸窸窣窣地响，墨绿的叶子相互拥挤，而地上的光斑则更加可怜地被挤得尤为破碎。山中的鸟在此时叫唤得最为欢畅，生怕游人不知道自己有多快活。待喘过气来，太阳已经不再温柔，炙热的光照在身上如针般地刺人，透过衣物直接刺向人们的身体，让人无法躲避。原来怀揣着宏大无比的预期，到后来却变成了孩子般跟自己赌气，就凭着这一口不服输的劲儿，我终于登上了山顶。在山顶看到的是群山环绕，层峦叠翠，听松涛呼啸，举目四望，那些以前眼中直冲向天空的高楼大厦此刻变得矮小，仿佛我一只手就可以把它们遮住；川流不息的车此时像蚂蚁般微小，没有了从我身边呼啸而过的感觉。迎面吹来的风吹起我的黑发，我张开双臂迎接它们，可它们终究与我擦身而过。在山顶我并没有体会到凌云壮志、唯我独尊，有的只是登上山顶之后看清自己的渺小，还有对泉水的渴望，且冰的最好。

继而便是去了花溪河畔，拾级而上，是仙女幽岩。仙女幽岩又叫古仙女洞，俗称仙女洞，是一个天然溶洞，洞中幽深宁静，有溪水涌出，极为清冽。仙女洞是我最感兴趣的地方，不仅因为它的美景，还因为它的美丽传说。关于仙女洞的传说有多种，其中一种就是建文帝朱允炆逃亡到建文峰修道时，发现每天都有一盘鲜桃置于门口，并且吃完就有，同行人都感到惊异，不知桃从何来，建文帝却说桃是仙女送来的，仙女就住在山下的岩洞中。而那时山下洞中确实有一位村姑在此修道，因被建文帝称为仙女，果然得道成了仙。后来人们便把仙女采桃的地方取名为桃子沟，仙女修道的洞称为仙女洞。仙女洞分为上下两层，上层布满了钟乳石，下层为地下暗河，洞内有仙女塑像，其塑像为村姑的打扮，让人不禁想到"绝代有佳人，幽居在空谷"。仙女洞与温泉称为南温泉的一泉一洞，是南温泉最早的胜景之一，也是去南温泉必不可少的一处美景。

身为一名地地道道的重庆人，你一定知道"重庆十八怪""巴渝十二景"吧。

而南温泉也有"南泉十二景"，这些景点包括放松身心的南塘温泳，如诗如画的弓桥泛月，风景壮丽的虎啸悬流，神奇独特的石洞探奇，壮观险峻的峭壁飞泉，变化莫测的五湖占雨，闻典生趣的三峡奔雷，令人惊叹的滟滪归舟，景色宜人的小塘水滑，舒适安逸的花溪垂钓，历史渊远的建文遗迹，古迹繁多的仙女幽岩。这些都带有南温泉独有的特色，让人忍不住去一睹美景。

俗话说，百闻不如一见。南泉的美景数不胜数，且不说那看不尽的山峦起伏，数不清的花溪河流，访不完的农家村庄，赏不完的湖光山色，就说那令人忍不住要"以手抚膺坐长叹"的悬流峭壁，也足以让人心生向往了。话已至此，旁人说得再好也不及自己亲身一游，不及自己亲自去享受舒适的温泉，也不及自己亲自去攀爬幽美的建文峰，所以，闲暇时光不如南泉一游，体会自然，享受生命。

静观蜡梅

故事很长，你要喝上一壶梅花酒来慢慢听！

提起西藏你第一时间或许想到的是布达拉宫，可我想到的是西藏人民独有的礼物——哈达；提起新疆你第一时间或许想到的是葡萄，可我想到的是新疆的牦牛；提起北京你第一时间或许想到的是王府井，可我想到的是北京烤鸭。对西藏、新疆、北京的评价，这只是我作为一个局外人的猜想。那座城市不是你的故乡，你对那座城市的情感付出是和生你养你的那座城市的情感付出是不同的。此时，我要写我的故乡。一座城，一处景，一个人，一束花，一声感叹皆是对故乡的眷念！

我的故乡是坐落于重庆北部的一个小镇，它的名字叫静观镇。小镇因境内有一古庙"静观寺"而得名，"静观"二字来自宋代程颢的诗句"万物静观皆自得"。静观镇向来有"花卉之乡"的美称，2000年6月被国家林业局、中国花卉协会联合授予"中国花木之乡"称号，在2011年11月于第七届中国花卉产业论坛上被评为"中国蜡梅之乡"，成为当时全国唯一获"中国蜡梅之乡"称号的乡镇。

为何我的故乡能得此两个殊荣，作为参与者的我来给大家细细讲来。静观种植花卉的历史可追溯到南宋，以其桩头、盆景、根雕、蟠扎成为中国花木盆景艺术五大流派之一的川派盆景的发祥地。

中国花木盆景艺术五大流派包括川派、岭南派、苏派、扬派和海派盆景。

川派盆景有着极其强烈的地域特色与造型特点，川派盆景的"树木盆景"展示苍古雄奇等特点，"山水盆景"展示巴山蜀水的雄峻、高峻，在气势上构成高、悬、陡、深的巴山蜀水景象。

岭南派盆景形成过程中，受宋元花鸟画的技法的影响，创造了以"截干蓄枝"为主的独特的折枝法构图，形成"挺茂自然，飘逸豪放"的特色，又利用

华南地区所产的天然观赏石材，依据"咫尺千里""小中见大"的画理，创作出再现岭南自然风貌为特色的山水盆景。

苏派盆景以树木盆景为主，裁剪讲究细腻的手法，给人带来一种古雅质朴、老而弥健、气韵生动之感，情景相融，耐人寻味。

扬派盆景受高山峻岭、苍松翠柏经历风涛"加工"形成苍劲英姿的启示，依据中国画"枝无寸直"的画理，创造应用11种棕法组合而成的扎片艺术手法，让花木修剪后显得"层次分明、严整平稳"，富有工笔细描装饰美的地方特色。

海派盆景的创作风格是自由的，以造型形式多种多样，不受任何程式限制而闻名于世。

静观种植蜡梅已有几百年的历史，全镇花木种植面积从1998年的近3000亩发展到现在的万余亩，花卉产品销往全国20多个省、市和地区，整个花卉产业由过去的单纯种花发展为种植、园林景观设计与建设、花卉产品加工为一体的综合性产业。花卉产业已经成为静观镇的富民产业。静观镇是我国蜡梅栽植面积最大、品种资源最丰富、栽培时间最早的蜡梅栽植区。在静观镇的一大楼墙上的《静观赋》中写道："桩头盆艺根雕盆栽，技压群雄；银杏铁树相思红豆，竞相斗奇；古塔古洞古村古居，四古竞秀；陈醋小米蜡梅花圃，四季争春。"短短几句将静观这个古镇的独特之处介绍出来，你会不禁感叹道："静观'得山水之宠，享造化之功'。"

春秋季的静观是热闹的，天空泛着蔚蓝色，温度是适宜的，街上人来人往，人们皆穿着轻柔的衣服。随着静观镇经济的发展，它与外界的沟通多了起来，交通也便捷了起来，镇上的年轻劳动力大多抓住机会到外面打拼去了，家里只剩下老人与小孩。每逢镇上赶集时，有些老人早早起床，将自己为补贴家用做的一些手工艺品拿到街上来卖，这些老人中有的人对制作手工艺品有着纯粹执着的精神，觉得做了半辈子的这个手艺活停不下来，也不想停下来！闲逛在镇上老街，你会听到各个角落传来商贩热闹的叫卖声："看一看勒冰糖葫芦，瞧一瞧勒正宗的土鸡土鸭，小伙子来，快来闻一闻静观老陈醋哟，不酸不要钱。"

说到静观老陈醋那也是静观的一绝。据考证，静观生产陈醋已有百年历史，虽说没有与蜡梅相媲美的历史，但也是每一个静观人经常食用的调味品。静观老陈醋采用传统老法低温陈酿后熟工艺，全手工制作，使得产品色、香、味俱佳，并有醒酒解毒、清热除湿、增进食欲等功效。

草鞋是静观的又一标志性事物，静观草鞋的制作工艺源于明朝末年，原料是简单的稻草。我小时候常看见爷爷在夏天穿着一双草鞋去集市赶集，或许在老一辈的心里这个草鞋比任何一双更高级的鞋子都要舒服。曾经那个年代，草鞋是在走亲戚时必须要带上的礼品。在那时的老街，你会看到一条街上全摆着用来售卖的草鞋。那时的草鞋通常是农户在自己家中编织而成，没有任何机器的帮助却能做出这样精细的物品，其编织技术真是精湛。现在随着经济的发展通常不太能看到草鞋的踪迹，更不用说赠予他人。静观现在还有一个角落是属于草鞋的，可是我不知道这个地方何时会悄然无声地消失。

初冬的静观似乎正在悄然发生着变化，天气开始降温，畏惧寒冷的人们加厚了自己的衣服，街上行走的人也变得少了起来。可有一个地方恰恰相反，它开始热闹起来了，在那里蜡梅出现花苞，显现出它羞答答的模样。走进赵爷爷家的蜡梅园，看到他正在为让蜡梅的花骨朵保留更多的营养而修剪枯枝败叶。赵爷爷手上挑拿着一枝挂满花苞的枝丫，左瞧瞧右看看，他开心地笑了。他回过头看见了我，笑嘻嘻的，一副慈祥的模样："哟还舍得到这里来呀，你可是长大之后就再没偷摸来我这园子摘蜡梅花了，是不好意思了吧！"看着赵爷爷一如既往地拿我说笑，我心里美滋滋的！我小时候常常因为蜡梅太香，就悄悄地翻入赵爷爷家的蜡梅园摘蜡梅，但每次都会被赵爷爷抓住现行。被抓住的后果就是陪他在园子里聊天，看他剪蜡梅枝。那时我活泼好动，看一会后就在蜡梅园子中到处跑，故意撞到蜡梅树，将摇摇欲坠的花朵撞落下来，好让身上染上蜡梅的醉人香气。然后脱下自己的衣服将落下来的蜡梅花包住，带回家中、学校到处炫耀，还会自恋地将蜡梅戴在自己的耳朵后。赵爷爷家的蜡梅园种植的大多是素心梅，它是梅花中的一种高级梅。

赵爷爷曾给我讲过种植素心梅的原因：一是因为在静观当地种植素心梅的时间长，有管理和应对病虫害的经验；二是因为素心梅是一种名贵观赏花木，能带来较大的经济利益。不一会，赵爷爷的妻子赵婆婆端着茶杯来到了蜡梅园，赵爷爷会心一笑顺手就接了过来。赵婆婆提醒道："老头子水烫慢点喝，像小孩一样这么慌干嘛。"

寒冬里的静观是没有大雪的，只有刺骨的寒风。街上来往的人变少了，也没有热闹的商贩叫卖声了。这时的热闹全部聚集在蜡梅园，不见其身先闻其香，远远地你便能闻到蜡梅花那醉人的香气。此时蜡梅的身子已经完全地舒展开来，把花朵渲染成金黄色的样子。静观的种植户们抓住蜡梅花这一盛开的时机，将蜡梅旅游与蜡梅节结合在一起，开展关于静观蜡梅的旅游活动，因此来静观观赏蜡梅的旅客络绎不绝。在种植蜡梅的农户家中一家人常常分为两拨，一拨是当导游，为到来的游客讲解蜡梅的知识，邀请游客到家中做客，拿出自家酿的蜡梅酒款待游客，并现场教制作蜡梅饼的方法，大家不亦乐乎。而另一拨则忙于采摘蜡梅，他们基本一天都会待在园子里，挑选品质优良的蜡梅，为静观一年一度的蜡梅节做准备。为了保持蜡梅花的鲜艳程度，农户们通常会在蜡梅节开幕当天的早上去采摘还带有露水的蜡梅花。他们穿上防雨水的衣服带上剪刀背着背篓，小心翼翼地从蜡梅树上剪下一整枝色彩艳丽的枝丫，细致地装进他们准备的背篓中。带着浓浓的喜悦和夹杂着蒙蒙的雾气，随着一声炮响静观蜡梅节开幕了，来自各个村落的种植户带着他们得意的作品赶赴盛会。现场的蜡梅让人眼花缭乱，有的蜡梅五彩斑斓，吸引着游客的眼球，有的蜡梅花苞很大，堪称一霸。除了邀请游客到梅园参观外，静观的蜡梅种植户也会将蜡梅摆放在街道两旁供游客购买。所以常常能听到街道上零星的叫卖声："快来这里看勒，素心梅、虎蹄梅、狗牙梅、金中梅，这里样样都有！"这时经过的旅客通常会被这一幕吸引，从而在街边买一束蜡梅花，拿于手中欣赏静观蜡梅的独特美。

随着蜡梅种植面积的不断扩大，朴实的静观人民也在想各种办法。经过多年的实践，花农们凭借种梅的经验以及对蜡梅的了解，对蜡梅进行了多方面开发。蜡梅现在在静观以梅花酒、梅花饰品、梅花盆景、梅花食品等多种方式被销往各地。

有一次蜡梅节，赵爷爷家的梅花夺得桂冠，他邀请我去他家做客。我看着以蜡梅为原料制作的众多美食，垂涎欲滴。闻一下赵爷爷家的梅花酒，扑面而来的是浓浓的梅花香味，酒面上还漂浮着梅花的花瓣。

现在的静观以生态花卉景观为特色，以精品园林艺术为支撑，以丰厚的历史人文资源为依托，农业和旅游业在这里找到了最佳契合点。百里碚金路，荟萃了花木、花草、花果，云集着花农、花商、花市，连贯着金刀峡、塔坪寺、偏岩古镇、滩口牌坊等旅游景点，已成为一道亮丽的风景线。

　　静观境内的重庆台湾农民创业园是重庆市推进渝台经贸文化合作的三大平台之一，目前该区花木种植面积已达 10.8 万亩，生产从业人员达 5.8 万余人，年产值超过 5 亿元。

　　"闻道梅花坼晓风，雪堆遍满四山中。何方可化身千亿，一树梅花一放翁。"从古至今文人墨客皆将梅花作为坚韧、高洁品格的象征。静观人民对蜡梅的热爱不仅因为它是一种可以带来不错收入的产物，更因为蜡梅不畏寒冬的坚韧品格正好是静观人民坚持追求幸福生活的印证。

长龙山的风和雨

"朝辞白帝彩云间，千里江陵一日还。两岸猿声啼不住，轻舟已过万重山。"一看到这首诗想必就知道说的是哪儿了。在众多关于奉节的传世名篇中这只是其中一首，它们共同的特点就是诗人游经奉节时写下的。

那么能让这么多诗人产生创作欲望的奉节，到底有哪些吸引人的地方呢？

造就"诗城"美誉的奉节肯定不只有千古留名的白帝古城，还有诸如天坑地缝、凤凰山和瞿塘峡等众所周知的大自然鬼斧神工之景，更有一些名声不显却别有一番造化的上天馈赠之地。

有着"川武当"美誉的长龙山无疑就属于其中的一景。

长龙山位于重庆市奉节县公平镇境内，源自秦岭，为大巴山余脉。那里风景如画，群山环抱，草木丛生，山势陡峭，是渝东地区著名的道教圣地。

随着时间的推移，周围的一切都在悄然地变化着，而长龙山始终矗立在那里，从不炫耀自己的存在，宛如征战一生的将军，手持龙泉宝剑，战意昂扬，一生不消。

时间的风风雨雨影响了一世又一世的人们，就连异乡埋骨的侠客都已找不到归家的路。历史的海浪淘净了泥沙，露出了经过沉淀发出耀眼光芒的珍珠，一些荒诞有趣的传说流传了下来，但还有很多故事消失了踪迹。

长龙山的传说剩下哪些呢？

长龙山的来历是一段充满神奇色彩的传说。根据住在长龙山附近的人们口口相传，传说古时的四川盆地原本是一片大湖，被称为西海。巫山境内有个石灰石的巨大洞穴，这个洞穴幽静而宽敞，深不见底。洞穴内部有一个巨大的水潭，水从石缝中滴在水面上叮咚作响。水里有着不计其数的鱼虾虫类和不知是在何年何月爬到洞穴里的大蛇。大蛇觉得这里的环境安静幽深而且食物丰富充足，是它修炼的好住处。于是就在洞里修炼起来，不知经过了多少岁月，大蛇练就了一身的本领，不仅头上长出冠子和角，蛇身更是长出了四爪，化作了蛟龙，它还能千变万化、呼风唤雨。从此蛟龙总是认为自己有本事而变得骄傲无比，也觉得长期住在洞里没了乐趣。有一天，它变成一个英俊少年到洞外游玩，听说东边有一处海洋无边无际，它很想去，但不知从何处走。正在焦急的时候，它见到一个割草的牧童，便问："小弟弟，我想到东海去，不知从哪里走？"那牧童用镰刀向东方一指，说道："就从这里去。"

这天夜里乌云密布、风雨大作，蛟龙从水潭中腾身而出，忽然间西海的泥水陡涨，向着镰刀所指的方向涌去。走到奉节白岩山下，见到四面都是悬崖峭壁无路可走，蛟龙就在此处游来游去。石头被翻滚的河水冲走了，蛟龙仍然没有找到去往东海的路。这下惹恼了蛟龙，它拼尽全力一头向白岩山撞去。只听"嘣"的一声巨响，蛟龙的额头鲜血涌出，山体更是被撞开了一道巨大的缺口，西海里的积水从缺口喷涌而出。这下可是闯出了大祸，海水四处横流，良田被淹没，不少百姓被淹死，场面惨不忍睹。这时惊动了巫山神女，神女在山上一看原来是一条蛟龙在水里兴风作浪，头上流着血还在水里四处游动。它游到哪里水就涨到那里，神女立即向王母娘娘报告，王母娘娘即命哪吒前去将此龙斩杀。蛟龙死后它的身躯化作了蜿蜒数十里的山，山形似一条巨龙，后人称此山为长龙山。

长龙山蜿蜒曲折数十里，山体狭长，险峻称奇，宛如蛟龙出海，悬崖绝壁的断处好似巨龙昂首。站在"龙头"远眺，两条溪流环绕"巨龙"，四周山峰拱列，青松苍翠，松涛阵阵，隐隐有四山朝拱之象。遇到下雨初晴时，在云雾缭绕之间，犹如蛟龙咆哮，吞云吐雾，仿佛要横空出世。

春天，长龙山就像一幅清新靓丽的山水画，草木萌发出新芽，绽放出勃勃生机，片片的翠绿环笼在山林之间，仿佛那淡淡的绿色水彩，涂上了山脊，描绘了崖畔。最养眼的就要数那些生长在悬崖峭壁的青松了，青松的浓绿与周围的一切是那么的不同，宛如一个绽开的梦想。

盛夏季节，浓浓的绿色覆盖在陡峭的山坡上，行走在其间，宛如置身于一片绿色的海洋，绿色的海浪涌下山脊，漫过悬崖。这时候的长龙山，便是一幅浓墨重彩的油彩画。如果经过了夏雨的洗礼，袅袅的白云从崖底升腾，*丝丝缕*

缕地挂到山崖上，影影绰绰地落在树梢上，苍翠的长龙山就又成了一幅清新淡雅的水墨画。

等秋风萧瑟了万物，夏热还没褪尽，丰腴的长龙山却悄然褪下了肥厚的夏装，换上了相对简约雅致的秋衣。那苍翠的绿色海洋，终于带上了一点俏皮的新装，国画独有的意境油然而生。

等到北来的寒气冰封了大地，长龙山的每一道崖壁，每一块山石，每一株草木，都以极简约的线条勾勒着冬日凛冽的轮廓和神韵。那浓墨的翠绿仍十分俏皮，冬天了，它却还在这里赖着不走，让本来黑白画的意境中出现了一抹翠绿。

长龙山就像一面硕大无比的屏风，矗立于天地之间，演绎着岁月的更替、季节的变换。"青山不默千秋画，绿水无弦万古琴。"这句话好像天生就是写给长龙山的。

很幸运在冬春交替之季领略过一次长龙山的恬静与淡然。走到长龙山山脚下，映入眼帘的是一段长达 1000 米、有 3000 余级的石梯，行走在石梯上，能触摸到岁月在台阶上留下的痕迹。四周鸟语欢歌、树木茂密，置身在这云雾缭绕仿佛人间仙境的大自然，让人想不起先前徒步的疲劳。沿着长龙山山脉的走向远远地向西眺望，从天仙观起至两公里处整个山势开始缓缓变窄，据说那就是龙的长颈；向北望去，有一条小河，河中有一个叫母猪洞的深水沱，据说那就是龙的左眼；再顺东坡望下去，可见一个四五米高的大瀑布，瀑布下面有一个深不可测的天子洞，据说那就是龙的右眼。

长龙山还被尊为道教圣地，与道教文化的渊源更是深厚，被称为"川武当"。山上的天仙观内部的石雕、石刻、名人对联等金石文物颇为丰富，其艺术高雅、制作精良，为道教文化乃至中华文化瑰宝。

清道光年间的《夔州府志》记载，著名的道家祖师张三丰曾在明朝初年云游奉节，于长龙山住了三日，然后来到县城与开元寺高僧广海大师盘桓论道七日，留下了沉香三片，草鞋一双，并吟诗一首："深入浮图断世情，奢靡他行恰相应。天花隐隐显微瑞，风叶琅琅吟人乘。密室书闲云作盖，空亭夜静月为灯。魂消影散奈何有，到处谁能见老僧。"

据当地有名望的老人讲述，西汉末年王莽篡位，想要杀绝刘家后代。王莽追击刘家后代的一位公主时，从陕西追到了长龙山。公主便躲在长龙山的一个洞中，公主长得漂亮且有一身武功，她脱险后又带领兵将回到了长龙山，见此山十分险恶，且山顶有股泉水可供数百人饮用，除一条小路能到山上之外，其余三面都是悬崖峭壁，是兵家易守难攻的地方。于是公主就在此安营扎寨，修筑练兵场地，并在此招兵买马，打造兵器，训练军队，准备作复兴汉室的打算。

当时与长龙山隔条小溪的桂坝一山顶上有个叫鼓锣坪的地方，也有一支军队，首领姓王名英，也在那里筑寨招兵。他本是奉王莽之命，来捉拿公主的。王英身材不高，有一身武艺，听说公主漂亮且武功非凡，是女中一杰。王英便写信向公主求爱，并派人把信送给公主。信中说："我奉王莽之命前来捉拿你，但是我想你是女流之辈，又听说你武艺很好，我想和你比武，若我胜了你，便娶你为妻，若败于你，我就给你牵马作凳。"公主看了非常生气，暗下决心非除了他不可，于是约定时间比武。比武的这天，公主披挂上阵，手执长枪，带十名将士，排开队伍。王英见公主，内心爱慕不已，只想胜过她好娶她为妻。但是公主见他生得又矮又黑，内心对他更是不喜欢。公主放马过去挑枪就战，枪枪不离王英咽喉。王英左隔右挡，打斗了五六个回合，却无进攻之力。公主横枪挑来，王英俯身一刀。公主侧身弯腰，右手握枪，挡开刀锋，左手将王英挑离地面，向马前摔去。王英横跌在地上，公主枪尖直抵王英胸前。王英叫道："公主饶命。"王英认输，从地面爬起来将公主马缰捉住，说道："愿为公主牵马作凳。"公主踩在王英背上从马上下来，王英的所有人马被公主降服。从此公主只要外出骑马，王英便低头弯腰，让公主踩在自己的背上下马，若在路上时王英就牵着马。现在离长龙山百丈左右有一块弯腰驼背的石头，当地老百姓说这就是当年王英的化石。据说有次公主不满意王英，踢了他几脚，王英感到很是羞辱，便拔剑自尽，其身体一直滚到公平，即现在的老纸厂边才断气。老纸厂边的溪叫断喉溪，外面的岩石叫落气石。这两处地名人们一直喊到今天，并在公主后来埋葬的地方修了一座道观，叫作天仙观。

天仙观早已由纯粹的祭祀公主的祠堂成为供奉玉皇、真武和老君的道观。不论历史的风云如何变化，长龙山天仙观总是慈祥地关注着人间的苦乐，牵动着世间的因果。

"象外神游，四面峰峦两面水。空中结构，八分人力二分天。"这是古人

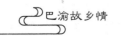

书写在长龙山天仙观的门联。天仙观的建筑技巧放在如今也算得上巧夺天工，堪称精品。曾经的天仙观建筑面积约有600平方米，能工巧匠在不足300平方米的基础上，凌空飞架"望江楼"。巨石为基，以石为栏，砌石为殿，三重大殿重重叠起，庄严巍峨，蔚为壮观。身处其间，如临云中楼阁。

1940年，天仙观毁于战火，化为一片残垣断壁，望江楼也荡然无存。三年后当地士绅倡捐重修了天仙观，但是其规模大不如前。天仙观的坎坷命运却不止如此，再后来天仙观在"文化大革命"中再次化为乌有。直到1995年奉节县人民政府成立了"奉节县长龙山天仙观管委会"。先后由道士李至升、陈明升任主任和当家，筹资200余万修建全新的天仙观，浴火重生的天仙观建筑面积达到了4100平方米，至此天仙观重复光明，旧貌换新颜。

天仙观的命运相比长龙山而言，无疑是十分坎坷的，但正是在这些历史海浪的冲洗下，天仙观一次一次地倒下，又一次一次地重新屹立。它一直矗立在那里，陪伴着长龙山见证历史的风云。

即使我们不是虔诚的道教信徒，也可以去领略长龙山的自然胜景，了解那一段段历史的过往，放空一下心灵，沉浸在那翠绿般的海洋也很好。

每个人内心深处都藏着一个桃花源似的乌托邦，这是内心的一方净土。也许，来到长龙山，投入到大自然的怀抱，能让我们习惯了快节奏生活的灵魂慢下来，慢慢行走在长梯上，静静地欣赏那山、那林，仔细地体会那流过心灵的溪水潺潺声和松涛梵音。找一个悠闲宁静的地方，给自己的身体和心灵都放一个假，让我们享受生活、善待自己。